Amy Cox, Sherry West

Die Kinder-Ideen-Kiste

# Lesen und Schreiben

## Spielerische Projekte für die Begegnung mit Schrift

Verlag an der Ruhr

# Impressum

**Titel der amerikanischen Originalausgabe:**
Literacy Play. Over 300 Dramatic Play Activities That Teach Pre-Reading Skills



**Titel der der deutschen Ausgabe:**
Die Kinder-Ideen-Kiste
Lesen & Schreiben
Spielerische Projekte für die Begegnung mit Schrift

**Autoren:**
Sherry West, Amy Cox

**Redakteurin:**
Dorothea Karpinski

**Illustrationen:**
Kathy Dobbs (Original) und Eva Spanjardt (Kapitellogos)

**Übersetzung aus dem Amerikanischen:**
Rita Kloosterziel

**Druck:**
Druckerei Uwe Nolte, Iserlohn

**Bearbeitung für Deutschland:**

Verlag an der Ruhr
Alexanderstr. 54 – 45472 Mülheim an der Ruhr
Postfach 10 22 51 – 45422 Mülheim an Ruhr
Tel.: 02 08/ 439 54 50 – Fax: 02 08/ 439 54 39
E-Mail: info@verlagruhr.de


**ISBN 10: 3-8346-0051-2** (bis 12/2006)
**ISBN 13: 978-8346-0051-6** (ab 2007)

**geeignet für die Altersstufe** 3 4 5 6 7

Gedruckt auf chlorfrei gebleichtes Papier.

# Inhaltsverzeichnis

# Einleitung

Mit unserem Buch möchten wir Eltern, Erziehern*, Lehrern und allen, die sich gerne mit Kindern beschäftigen zeigen, dass sich Lese- und Schreibfähigkeiten spielerisch vermitteln lassen. Kinder lernen am besten durch praktische Erfahrungen, die an ihre Alltagserfahrungen anknüpfen.

Oft glauben Erwachsene, dass Kinder nur dann etwas lernen, wenn sie möglichst viele Arbeitsblätter bearbeiten oder beharrlich das Alphabet üben.

Bei den Vorläuferfähigkeiten für den Erwerb der Schriftsprache geht es jedoch um mehr als Drill und Üben. Es reicht auch nicht, den Kindern die Buchstaben des Alphabets beizubringen. Der Erwerb der Schriftsprache, also das Lesen- und Schreibenlernen, ist ein Entwicklungsprozess, bei dem es darum geht, die Struktur der Sprache zu verstehen und sie auf die Lebenswelt anzuwenden. Wenn Kinder bei Gruppenaktivitäten mit gesprochener und geschriebener Sprache umgehen, lernen sie das Lesen und Schreiben fast ganz von selbst. Grammatikalische Strukturen und Rechtschreibung werden für Kinder nachvollziehbar und erscheinen nicht mehr zufällig.

Rollenspiele können einen Rahmen bilden, in dem die Kinder ihre Lese- und Schreibfähigkeiten umsetzen, einüben und anwenden.

In einer lese- und schreibmotivierenden Umgebung können Kinder mit gesprochener und geschriebener Sprache experimentieren, sie üben und erkunden.

Die Lese- und Schreibkompetenz wird in dem vorliegenden Buch durch Übungen, die an die Bedürfnisse, Fähigkeiten und Interessen Ihrer Schützlinge anknüpfen, vermittelt.

Die Übungen und Spiele in diesem Buch geben den Kindern die Möglichkeit, ihre Lese- und Schreibkompetenz in einer motivierenden Umgebung und einem vertrauten Umfeld zu erkunden. In den Rollenspielen verwenden die Kinder Schrift in einem sinnvollen Kontext.

Die Kinder erleben im Alltag, wie die Erwachsenen Listen schreiben, Schecks ausstellen, die Zeitung lesen, Anleitungen befolgen und sich Notizen machen. Diese Situationen können die Kinder in den folgenden Rollenspielen nachspielen. Und Sie als Pädagoge können die Kinder auf ganz natürliche Art und Weise mit Schrift vertraut machen, indem Sie eine Lernumgebung schaffen, in der Schrift in Alltagsgegenständen z.B. in Form von Büchern, Hinweisschildern, Notizen, Listen und Nachrichten vorkommt. In den hier vorgestellten Rollenspielen binden die Kinder diese Requisiten in ihr Spiel ein und gehen ganz selbstverständlich mit Schrift um.

Zur Lese- und Schreibkompetenz gehören mehrere Elemente: gesprochene Sprache, Schriftsprache, das Verstehen von grammatikalischen Strukturen, phonologische Bewusstheit, Leseverständnis sowie Lese- und Schreibmotivation. Diese Teilfähigkeiten greifen ineinander und bedingen sich gegenseitig. Sie entwickeln sich gleichzeitig und schaffen zusammen die Grundlage für die Lese- und Schreibfähigkeit.

* Aus Gründen der besseren Lesbarkeit haben wir in diesem Buch durchgehend die männliche Form verwendet. Natürlich sind damit auch immer Frauen und Mädchen gemeint, also Lehrerinnen, Erzieherinnen etc.

# Meilensteine der Entwicklung*

**1. Sprechen und Sprachverstehen**

- Formung von Lauten („Da, Da", „Ma, Ma", „Wa, Wa")
- gezielter Gebrauch einfacher Wörter („Mama", „Papa", „nein", „mehr")
- Zweiwortsätze („Nane essen", „Mama weg")
- Dreiwortsätze („Momi Keks haben", „Timo aua macht")
- Bildung kurzer, grammatikalisch vollständiger Sätze („Da ist mein Teddy.")

**2. Schreiben**

- Entwicklung vom ziellosen zum zielgerichteten Kritzeln
- Linearität und Wiederholung werden als Kennzeichen von Schrift erkannt
- Exerimentieren mit Strukturelementen der Schrift: Variationen von Buchstaben durch Kombination weniger Grundformen
- Übergang von der Folge einzelner Formen zur verbundenen Bewegung
- Lautsprache wird mit den grafischen Spuren auf dem Papier in Verbindung gebracht (lautgetreues Schreiben)
- Beachtung von Rechtschreibregeln und nicht mehr ausschließliche Orientierung an der Akustik

**3. Wahrnehmung von Schrift**

- Unterscheidung zwischen Schrift und Bildern
- Erkennen von Schrift als Bedeutungsträger
- Kenntnis von Buchstaben
- Erkennen von Wörtern als Bedeutungseinheiten (Wörter bestehen aus einzelnen Buchstaben)
- Wissen um Rechtschreibregeln/Unterscheidung zwischen Groß- und Kleinschreibung

**4. Phonologische Bewusstheit**

- Unterscheidendes Zuhören bildet die Grundlage für die Entwicklung der phonologischen Bewusstheit.
- Satzgrenzenerkennung
- Silbensynthese und –segmentierung
- Synthese und Segmentierung von Silbenanlaut und Silbenkern und –schlusssegment
- Phonemsynthese, -segmentierung und -veränderung

**5. Leseverständnis**

- aufmerksames Betrachten von Bildern
- Lernzuwachs durch neue Wörter und Bedeutungen
- sinnvolle Anordnung von Ereignissen
- gezieltes Fragen und Antworten
- Wiedergeben von Geschichten

* Die Punkte in der Liste entsprechen in ihrer Reihenfolge der Chronologie der Entwicklung.

# Zur Arbeit mit diesem Buch

Dieses Buch enthält 8 Kapitel zu den folgenden Themenbereichen: **Berufe, Zu Hause, Natur, Wissenschaft und Technik, Geschäfte, Transportwesen, Kunst, Musik und Sport und lesen, schreiben und sprechen.** In den einzelnen Kapiteln finden Sie unterschiedliche Vorschläge für spielerische Aktivitäten. Jeder dieser Vorschläge lässt sich durch Rollenspiele erschließen. Die einzelnen Aktivitäten sind zur besseren Umsetzung in folgende Bereiche untergliedert: „Einsatzmöglichkeiten", „Lernziele", „Schlüsselwörter", „Materialien", „Requisiten", „Aufbau", „Impulsfragen", „Minibücher", „ Zusatzaktivitäten", „Lieder, Gedichte und Fingerspiele" sowie „Literatur".

## Einsatzmöglichkeiten

Dieser Gliederungspunkt will Ihnen zeigen, wie sich unterschiedliche Aspekte des Schriftspracherwerbs effektiver vermitteln lassen und wie sie bestimmen können, wo Kinder in ihrer schriftsprachlichen Entwicklung stehen. Die Bedeutung einer dem Entwicklungsstand der Kinder angemessenen Vermittlung der Schriftsprache wird erläutert.

## Lernziele

Die Ziele, die wir in diesem Buch formulieren, lassen sich unserer Ansicht nach mit Hilfe der jeweiligen Übungen erreichen. Bei der Umsetzung der Übungen können Sie sich auf eines, auf zwei oder mehr der genannten Ziele konzentrieren. Wenn jedoch keines der Ziele von Ihrer Lerngruppe zu erreichen ist, sollten Sie die Übungen so verändern, dass sie den Bedürfnissen Ihrer Schützlinge entsprechen. Wenn Sie die Ziele in Ihre Planung aufnehmen, sollten Sie sicherstellen, dass sie messbar und erreichbar sind. Ein Pädagoge kann nur feststellen, ob ein Ziel erreicht wurde oder ob ein Kind etwas gelernt hat, wenn er bewertet und vergleicht, was das Kind vorher wusste und was es dazu gelernt hat. Der Pädagoge weiß, ob er seinem Ziel näherkommt, wenn er eine Veränderung im Verhalten des Kindes beobachtet. Bewertung ist dabei ganz wichtig. Wenn das angestrebte Ziel unerreicht bleibt und die Entwicklung des Kindes keine Fortschritte erkennen lässt, sollten Sie die Bedürfnisse des Kindes neu überdenken und neue Ziele festlegen. Die von Ihnen ausgewählten Übungen sollten die Bedürfnisse, Fähigkeiten und Interessen der Kinder in Ihrer Lerngruppe widerspiegeln.

## Schlüsselwörter

Dabei handelt es sich um Begriffe, die zum Wortfeld des Rollenspielthemas gehören. Verwenden Sie diese in Ihren Gesprächen mit den Kindern und helfen Sie ihnen so, die Begriffe zu verstehen. Sie können sie auch auf große Papierbögen schreiben und die Kinder auf diese Weise im Alltag mit Schrift konfrontieren.

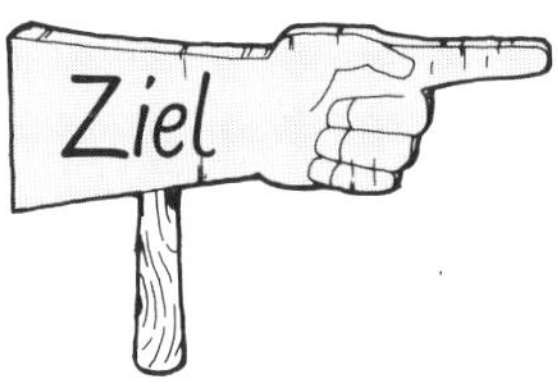


## Materialien

Fangen Sie klein an. Sehen Sie sich die Liste mit Materialien an, die Sie für die jeweiligen Aktivitäten brauchen und wählen Sie zunächst einige wenige Sachen aus. Halten Sie sich vor Augen, dass es mehrere Jahre dauern kann, bis Sie alle aufgelisteten Gegenstände zusammengetragen haben. Bitten Sie ortsansässige Unternehmen und Eltern um Materialspenden, um Ihre Kosten so niedrig wie möglich zu halten. Solche Sachspenden können z.B. Bücher, Papier, Schreibmaterialien, aber auch Haushaltsgegenstände sein. Gehen Sie auch in 1-Euro-Läden auf Schnäppchenjagd. Mit Kreativität und Einfallsreichtum können Sie das Lernumfeld der Kinder zu einer Umgebung machen, die reich an Schrift ist.

## Requisiten

Häufig fördern Requisiten bei den Kindern Ideen zu Tage, die sie dann in ihr Spiel einbringen. Die Requisiten, die wir vorschlagen, bereichern die Kinder um einzigartige Erfahrungen mit Schrift und fördern ihre die Kreativität. Sie sind als Ergänzungen zu den Materialien gedacht. Sie runden die Szenen ab und wecken das Interesse der Kinder am Lesen und Schreiben. Die Kinder spielen mit Alltagsschriftzeugnissen, wie z.B. Bestellblocks für das Restaurant, Formularen für die Arztpraxis, Schecks für den Gemischtwarenladen oder Einladungen für ein Geburtstagsfest. Verwenden Sie keine Arbeitsblätter während der Übungen. Arbeitsblätter drosseln Kreativität.

Beteiligen Sie die Kinder vor Beginn des Rollenspiels so weit wie möglich an der Herstellung der Requisiten.

## Aufbau

Rollenspiele ergeben sich von selbst, wenn Sie die zum Thema passenden Requisiten aufbauen. Achten Sie darauf, dass die Spielorte möglichst authentisch aussehen und zum Spiel animieren. Wenn Sie z.B. die Arztpraxis aufbauen, versuchen Sie Möbel und Ausstattung so anzuordnen, dass sie tatsächlich so aussehen wie eine Arztpraxis mit Wartezimmer. Geben Sie den Kindern bei Bedarf zielgerichtete und konkrete Anweisungen. Ansonsten reichen offen und einfach gehaltene Impulse zur Einleitung der Rollenspiele aus.

## Impulsfragen

Wenn Sie den Kindern während des Rollenspiels Fragen stellen, helfen Sie ihnen, selbstständig zu denken und zu entdecken. Versuchen Sie einen Mittelweg zwischen zu wenig und zu vielen Fragen zu finden, die das Spiel der Kinder zu stark lenken oder ihre Eigeninitiative bremsen könnten. Da Fragen ein wichtiges Instrument zur Anregung des Lernprozesses sind, haben wir hier eine Liste von Fragen oder Aussagen zusammengestellt, die Sie als Impulse nutzen können:

- Wie würdest du ... beschreiben?
- Wie könntest du das Ergebnis verändern?
- Wie könntest du herausbekommen, ob ...?
- Wie könntest du zeigen, dass ...?
- Wie ist das passiert?
- Wie funktioniert das?
- Wie geht das ...?
- Wie hängt das mit ... zusammen?
- Wie würdest du das beschreiben?
- Wie würdest du das erklären?
- Wie würdest du das mit dem lösen, was du gelernt hast?
- Stell dir vor, du könntest ...! Was würdest du tun?
- Welche Entscheidungsmöglichkeiten hättest du dabei?
- Was meinst du, haben wir jetzt daraus gelernt?
- Welche Beweise gibt es dafür? Was ist ...?
- Was ist dein wichtigster Gedanke zu dem Thema?
- Wie könntest du das sonst noch machen?
- Was würde passieren, wenn ...?
- Was würdest du anders machen?
- Wann ist ... passiert?
- Was (ist) ...?
- Wo (ist) ...?
- Warum (ist) ...?
- Warum hast du dich dafür entschieden?
- Warum meinst du, ist ...?
- Wäre es besser, wenn ...?

## Minibücher

Die Kinder können diese Bücher als Zusatzaktivität basteln und anfertigen und auf diese Weise die Erkenntnisse festigen, die sie im Spiel gewonnen haben. Im Anhang finden Sie Kopiervorlagen für Bücher zu verschiedenen Rollenspielthemen, für andere bekommen Sie detaillierte Anleitungen. Bei diesen Büchern kann es sich entweder um ein Buch für die ganze Gruppe handeln oder um Bücher, die die Kinder für sich selbst herstellen. Bei einem gemeinsam angefertigten Buch, das für die ganze Gruppe gedacht ist, steuert jedes Kind seine persönliche Seite bei. Alle Seiten werden dann zu einem großen Buch zusammengefasst. Ein solches Buch liegt normalerweise über einen längeren Zeitraum aus und kann von den Kindern immer wieder angeschaut und durchgeblättert werden.
Auf diese Weise können die Kinder sich erinnern, die selbst verfassten Texte noch einmal lesen und wiederholen und das Gelernte weiter festigen. Die Einzelbücher nehmen die Kinder für gewöhnlich mit nach Hause.

Es ist wichtig, dass die Kinder die Möglichkeit haben, selbst Bücher herzustellen und zu schreiben. Dabei werden sie selbst zu Schreibern und Lesern und wenden das an, was sie über Schrift gelernt haben. Sie lernen, gesprochene Sprache mit Schriftsprache in Verbindung zu bringen, Ereignisse in einer bestimmten Reihenfolge wiederzugeben, selbst Geschichten zu erfinden und ihrem eigenen Niveau entsprechend zu verfassen. Beim Schreiben verwenden die Kinder Vorstufen der Schrift wie z.B. Kritzelzeichen oder Buchstaben ähnliche Formen. Sie können sich auch Wörter buchstabieren lassen oder sich selbst daran versuchen, Buchstaben zu buchstabieren. Das Bücherschreiben motiviert die Kinder, ihre Fähigkeiten stetig weiterzuentwickeln. Ein Pädagoge, der den Kindern die Gelegenheit gibt, selbst Bücher herzustellen, verhilft ihnen zu mehr Selbstvertrauen und macht es möglich, dass sie sich selbst als Leser und Schreiber verstehen. Die Kinder sind meist mit Begeisterung und großem Engagement bei der Sache. Sie wollen ihre selbst gemachten Bücher aufbewahren und immer wieder lesen. Das Herstellen von eigenen Büchern ist eine wichtige Aktivität für Kinder und Pädagogen und hat einen besonderen Stellenwert bei der Schriftsprachförderung.

## Zusatzaktivitäten

Die Zusatzaktivitäten fördern das Verständnis der Kinder und vertiefen die eigentliche Übung. Sie lassen sich vor oder nach der jeweiligen Übung durchführen.

## Lieder, Gedichte und Fingerspiele

Durch Lieder, Gedichte und Fingerspiele lernen die Kinder viele der Vorläuferfähigkeiten der schriftsprachlichen Kompetenz. Sie erweitern den Wortschatz, fördern die Gedächtnisleistung und die Wahrnehmung von Silben, schaffen phonologische Bewusstheit, helfen bei der Lauterkennung, bieten einen spielerischen Umgang mit Reimen und dem inneren Aufbau von Erzählungen und geben den Kindern die Möglichkeit, den Rhythmus und Fluss der Sprache zu hören und zu verinnerlichen. Wenn die Kinder Fingerspiele, Lieder und Gedichte lernen, entwickeln sie ihre Leidenschaft für Worte und Sprache.

Lieder, Gedichte und Fingerspiele können vor, nach oder während der Rollenspielaktivitäten eingesetzt werden. Sie könnten Lieder, Gedichte und Fingerspiele als Teil der Übungen im Stuhlkreis einbringen, könnten sie auf große Papierbögen schreiben und an die Wand hängen oder sie als Form der Nachbereitung gemeinsam mit den Kindern singen bzw. sprechen.

## Literatur

Unter der Überschrift „Literatur" finden Sie Buchvorschläge zum Thema. Die Buchvorschläge können bei Rollenspielen gute Dienste leisten.
Bücher helfen Kindern, Geschichten nachzuspielen, statten sie mit Hintergrundinformationen für ihr Spiel aus und verschaffen ihnen eine Vorstellung davon, wie sie realistische Figuren oder Fantasiefiguren im Rollenspiel verkörpern können. Um aus Kindern echte Leser zu machen, können Sie als Pädagoge nichts Besseres tun, als sie früh mit Büchern vertraut zu machen.

1

# Berufe

# Polizei-Inspektor

## Einsatzmöglichkeiten

**Fragen und Antworten:**
Wenn man Kindern Fragen stellt und sie ermuntert, mündlich zu antworten, wachsen ihr Wortschatz und ihr Verständnis für die Bedeutung von Wörtern. Kinder brauchen die Möglichkeit, sich frei miteinander zu unterhalten und Informationen auszutauschen. Beim Detektivspielen müssen sie Fragen stellen („*Was ist das?*" oder „*Wo kann es sein?*"). Je mehr die Kinder lernen, Fragen zu stellen, umso größer wird ihr Verständnis für Sprache. Wenn Sie sich ein Bild davon machen wollen, wie gut ein Kind gesprochene Sprache versteht, sollten Sie sich seine Fragen und seine Gespräche anhören.

## Lernziele

**Die Kinder**
- verwenden einen Gegenstand stellvertretend für einen anderen.
- erläutern den Inhalt selbst gemalter Bilder.
- erzählen Geschichten mit Hilfe von Bildern.
- imitieren das Lesen, indem sie Spuren anhand beschrifteter Bilder identifizieren.
- spielen mit Sprache, indem sie Rätsel lösen.

## Schlüsselwörter

Ansehen – beobachten – Fingerabdrücke – (Polizei-)Inspektor – Spuren(-sicherung) – Täter – zuhören – verfolgen

## Materialien

Bleistifte – Hüte – Kassettenrekorder – Klemmbretter – Mäntel – Spuren – Vergrößerungsgläser bzw. Lupen

## Requisiten

- **Berichtsformulare:** Schreiben Sie „*Untersuchungsbericht*" oben auf die Seite. Dann schreiben Sie die folgenden Stichworte auf, hinter denen Platz für Eintragungen bleibt:

*Inspektor:*
*Ort:*
*Tageszeit:*
*Zahl der Verdächtigen:*
*Beschreibung:*

- **Abzeichen (siehe Anhang, Seite 171):** Kopieren Sie diese Seite und lassen Sie die Kinder ihren Namen daraufschreiben.
- **Fingerabdruckkarte (siehe Anhang, Seite 173):** Kopieren Sie diese Seite und lassen Sie die Kinder ihren Fingerabdrücke darauf anbringen.

## Aufbau

Legen Sie die Requisiten für dieses Rollenspiel aus und regen Sie die Kinder an, in die Rolle eines Polizei-Inspektors zu schlüpfen. Befestigen Sie die Berichtsformulare auf den Klemmbrettern und lassen Sie die Kinder ihre Beobachtungen und Untersuchungsergebnisse darauf festhalten. Wählen Sie eine der folgenden Übungen aus, die Sie mit den Rollenspielmaterialien noch lebendiger gestalten können:

- Teilen Sie die Kinder in Gruppen ein und lassen Sie sie (in Begleitung eines Pädagogen) Geräusche aus ihrer Umgebung mit einem Kassettenrekorder aufnehmen. Wenn die Kinder zurückkommen, raten und beschreiben sie abwechselnd, um welche Geräusche es sich handelt. Regen Sie einen Gedankenaustausch unter den Kindern an.
- Veranstalten Sie eine Schnitzeljagd. Verstecken Sie Hinweise (beschriftete Bilder) auf dem Spielplatz oder in der Schule. Bereiten Sie drei Stapel mit Hinweisen vor. Dabei ist jeder der Stapel mit einer bestimmten Farbe markiert. Teilen Sie die Kinder in drei Gruppen auf und weisen Sie jeder Gruppe eine der drei Farben zu. Lassen Sie sie die Hinweise suchen, die ihnen den Weg zur Lösung des Rätsels weisen. Z.B.: *„Was ist mit dem verschwundenen Bleistiftspitzer passiert?“* Hinweise: Sucht nach den Rohren, die Wasser in unseren (Klassen-)raum leiten; geht dorthin, wo etwas Grünes steht, das wächst; geht dorthin, wo ihr eure Jacken aufhängt, usw.
- Verstecken Sie ausgestanzte Buchstaben auf dem Spielplatz oder in einem Raum. Schreiben Sie die Buchstaben des Alphabets auf Papiertüten. Die Kinder sollen nun die Buchstaben suchen und in die entsprechenden Tüten dem Alphabet nach sortieren.

## Impulsfragen

- Was ist zuerst passiert?
- Was passierte dann?
- Was geschah zuletzt?

## Minibücher

**Ich sehe was, was du nicht siehst (Einzel- oder Gruppenbuch):** Geben Sie den Kindern Vergrößerungsgläser und lassen Sie sie Sachen untersuchen. Stellen Sie ihnen Fragen zu den Sachen, die sie finden, und hören Sie sich ihre Antworten an. Regen Sie an, dass die Kinder das, was sie gefunden haben, in ihren eigenen Büchern oder auf ein Blatt Papier malen (das mit den anderen Blättern zu einem Lerngruppenbuch zusammengefasst wird). Die Kinder können ihre Beobachtungen diktieren oder mit Hilfe selbst aufschreiben.

## Zusatzaktivitäten

- Spielen Sie ein Gedächtnisspiel (Kim-Spiel). Legen Sie ein paar Gegenstände auf ein Tablett, die die Kinder sich genau ansehen. Dann decken Sie ein Handtuch über das Tablett und nehmen einen Gegenstand weg. Ziehen Sie dann das Handtuch weg und lassen Sie die Kinder herausfinden, welcher Gegenstand fehlt. Falls nötig, helfen Sie ihnen mit Hinweisen.
- Denken Sie sich Fragen oder Rätsel aus und schreiben Sie jede/jedes auf einen Zettel. Ziehen Sie einen Zettel aus einem Hut und lassen die Kinder antworten. Z.B. *„Was ist grau, hat eine lange Nase und große Ohren?"*
- Spielen Sie *„Ich sehe was, was du nicht siehst"*. Wechselnde Kinder geben Hinweise auf den Gegenstand im Raum, den sie sich ausgesucht haben, und die anderen Kinder raten, worum es sich handelt. Z.B. *„Ich sehe was, was du nicht siehst und das ist rot und rund und schmeckt gut. Was ist es?"*
- Schreiben Sie geheime Botschaften mit Milch oder Zitronensaft. Tauchen Sie einen Zahnstocher in Milch oder Zitronensaft und schreiben Sie etwas auf Papier. Lassen Sie sie trocknen, halten Sie sie unter eine Glühbirne und Ihre unsichtbare Schrift erscheint.

## Lieder, Gedichte und Fingerspiele

**Was bin ich?**
Am Himmel suchst du mich vergebens,
auch wenn ich wie ein Stern ausseh.
Ich leb im Meer, hab keine Flossen,
hab keine Beine, keinen Zeh.

Ich bin gezackt und hab fünf Arme,
auf denen ich durch's Wasser geh.
(Seestern)

**Ich sehe was, was du nicht siehst**
Ich sehe was, was du nicht siehst
und das ist rot und rund.
Es ist ganz süß und saftig
und außerdem gesund.
(Kirsche)

Ich sehe was, was du nicht siehst
und das hat braunes Fell.
Es hat auch noch zwei Löffel
und hoppelt ziemlich schnell.
(Hase)

Ich sehe was, was du nicht siehst
und das kann laut trompeten.
Es spielt nicht im Orchester mit,
doch ist im Zoo vertreten.
(Elefant)

Ich sehe was, was du nicht siehst,
das macht die Straßen glatt.
Man kann darauf gut Schlitten fahren
– wenn man „nen Schlitten hat.
(Schnee)

## Literatur

**Mein erstes Buch von der Polizei.**
Nelson Verlag, 2005
ISBN 3-86606-203-6

*Erne, Andrea; Metzger, Wolfgang:*
**Alles über die Polizei.**
**Wieso? Weshalb? Warum?,**
**Band 22**
Ravensburger Buchverlag, 2003
ISBN 3-473-33256-9

*Golluch, Norbert; Kollars, Helmut:*
**Ich weiss was von der Polizei.**
Annette Betz Verlag, 2003
ISBN 3-219-10744-3

*Haas, Meike:*
**Die Polizei braust um die Ecke,**
**denn ...**
**Mein unendlicher Reimespaß.**
Loewe Verlag, 2005
ISBN 3-7855-5278-5

*Füg, Stephanie:*
**Schnüffel 007, der Detektiv.**
**Lesestarter-Geschichten.**
Favorit Verlag, 2005
ISBN 3-8227-0954-9

# In der Arztpraxis

## Einsatzmöglichkeiten

**Kritzelschrift:**
Die so genannte Kritzelschrift ist der erste Schritt beim Erwerb der Schriftsprache. Ermuntern Sie die Kinder, auf allen Stufen des Schreibenlernens mit Schrift zu experimentieren. Kinder ahmen das Schreiben nach, indem sie z.B. horizontale Linien, „Girlanden" oder Reihen mit buchstabenähnlichen Formen zu Papier bringen. Vorschulkinder sind bereits in der Lage, zwischen Malen und Schreiben zu unterscheiden. Wenn Kinder bei der Übung „In der Arztpraxis" auf Rezeptvordrucke, Patientenkarteien und Anmeldeformulare kritzeln, schreiben sie.

## Lernziele

**Die Kinder**
- erkennen und lesen ihren eigenen Namen und die Namen der anderen Lerngruppenmitglieder auf dem Anmeldeformular.
- imitieren das Lesen, indem sie Schrift „lesen", der sie in ihrem Umfeld begegnen (z.B. in Zeitschriften im Warteraum einer Arztpraxis).
- versuchen Buchstaben zu schreiben, wenn sie Rezepte ausfüllen oder Eintragungen auf dem Patientenblatt machen.

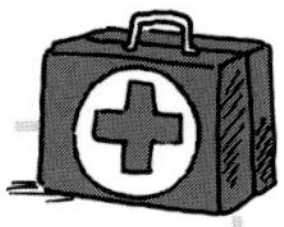

## Schlüsselwörter

Arme – Augen – Beine – Gehirn – Herz – Keime – Kopf – Krankenkasse – Lunge – Ohren – Reflexe – Rezepte – Röntgenstrahlen – Skelett

## Materialien

Badezimmerwaage – Bleistifte – Dreiecktuch – Füßlinge – Gummihandschuhe – Heftpflaster – Klemmbretter – Telefon – Petrischale – leere Tablettenröhrchen – Liege (oder etwas, das als Liege genutzt werden kann) – Mullbinden Mundschutz – Röntgenaufnahmen – Spielzeug-Erstehilfekoffer mit Spielzeugspritzen und Stethoskopen – Wattebäusche – weiße Kittel (oder weiße Oberhemden mit gekürzten Ärmeln) – Zeitschriften/Bücher – ggf. Krankenschwesternhauben

## Requisiten

- **Rezeptblock:** Heften Sie kleine Zettel zusammen, auf denen die Namen des Arztes und des Patienten eingetragen werden.
- **Anmeldeformular:** Schreiben Sie den Namen des Arztes oben auf das Blatt und zeichnen Sie links eine Spalte für den Namen des Patienten sowie rechts eine Spalte für die Ankunftszeit des Patienten.
- **Sehtest (siehe S. 172 im Anhang):**
  Kopieren Sie die Seite und hängen Sie diese in der Arztpraxis aus.

## Aufbau

Richten Sie die Rollenspielecke so ein, dass sie wie eine echte Arztpraxis mit Wartezimmer aussieht. Darüber hinaus könnten Sie eine Ecke des Raumes zum Krankenhaus und einen Tisch zur Apotheke umgestalten. In einer Ecke des Wartezimmers befindet sich die Anmeldung, wo die Kinder die Anmeldeformulare ausfüllen. Auf der Anmeldetheke liegen Papier und Stifte bereit und dort steht auch ein Telefon. Im Wartezimmer legen Sie Zeitschriften und Bücher als Lesestoff für die Patienten aus. Im Sprechzimmer befinden sich medizinische Geräte und Sachen zum Verkleiden. Achten Sie darauf, dass der Arzt ein Klemmbrett mit Papier bekommt, auf dem er sich Notizen machen und Medikamente verschreiben kann. Als Hintergrundmaterial besorgen Sie altersangemessene Bücher aus Ihrer Stadtbücherei, die sich die Kinder vorab ansehen können, um sich auf das Thema einzustimmen.

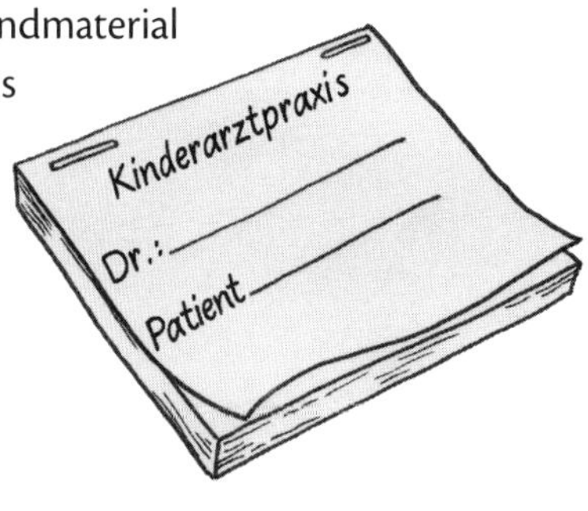

## Impulsfragen

- Was macht ein Arzt?
- Woran merkt ihr, dass ihr krank seid?
- Warum werden wir überhaupt krank?
- Warum müssen wir nachts schlafen?
- Warum müssen wir uns gesund ernähren?
- Wie können wir uns gesund ernähren?
- Warum sind Sport und Bewegung für die Gesundheit wichtig?
- Warum muss man sich beim Husten die Hand vor den Mund halten?

## Minibücher

**Mein Körper (Einzelbuch):**
Schreiben Sie jeden der folgenden Sätze auf ein separates Blatt Papier (Sie können auch zwei Sätze pro Seite aufschreiben). Heften Sie die Blätter zusammen. Auf das Titelblatt schreiben Sie:

*„Mein Körper" von …*

*Ich habe zwei Arme und zwei Hände.*
*Dies ist mein Herz.*
*Dies ist mein Gehirn.*
*Dies sind meine Lungen.*
*Das ist mein Magen und mein Darm.*
*Das sind meine Knochen.*
*Dies sind meine Muskeln.*
*Ich habe zwei Beine und zwei Füße.*
*Das ist mein Körper!*

Ermuntern Sie die Kinder, die Bücher selbst zu illustrieren. Fragen Sie die Kinder, welche Funktionen die einzelnen Körperteile erfüllen, und fügen Sie es an der entsprechenden Stelle ein. Die Kinder können sich durch die von Ihnen mitgebrachten Bücher zum Thema anregen lassen und beim Zeichnen darauf zurückgreifen.

**Meine Knochen (Einzel- oder Gruppenbuch):**
Lassen Sie die Kinder Bilder von ihrem Körper malen – auch von den Knochen (Skelett). Ermuntern Sie sie, die Teile ihres Körpers mit Kritzelzeichen zu beschriften. Befragen Sie jedes Kind, was es geschrieben und gemalt hat.

## Zusatzaktivitäten

- Machen Sie einen Ausflug in eine Arztpraxis oder in ein nahe gelegenes Krankenhaus. Sie können auch eine Krankenschwester oder einen Arzt einladen, die den Kindern erzählen können, wie ihr Arbeitsalltag aussieht.

➲ Im Stuhlkreis ermuntern Sie die Kinder, in einem Rollenspiel vorzumachen, was ein Arzt macht, der selbst krank ist. Notieren Sie die Antworten der Kinder auf einem großen Bogen Papier und hängen Sie es in die Rollenspielecke. Dort dient es als Diskussionsanregung während des Spiels. Zeigen Sie den Kindern, wie sie sich die Hände richtig waschen. Sprechen Sie auch über Keime und ihre krank machende Wirkung.

## Lieder, Gedichte und Fingerspiele

**Beim Arzt**
„Ach, Herr Doktor, mir geht's schlecht
und ich fühl mich soooo geschwächt!"
(schlapp und müde dreinblicken)

Ein Arzt hört häufig solche Klagen
und dann stellt er viele Fragen:

„Gibt's Probleme mit dem Herzen? (Hand auf's Herz)
Haben Sie oft Rückenschmerzen? (mit schmerzverzerrtem Gesicht an den Rücken greifen)

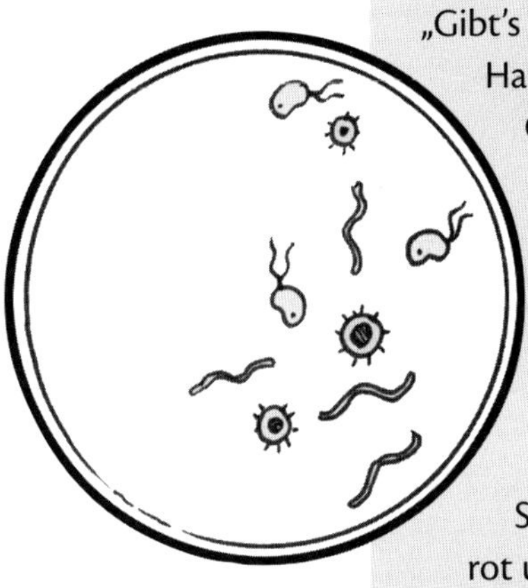

Tun vielleicht die Ohren weh? (Hände hinter die Ohren)
Drückt es hier am großen Zeh? (auf den großen Zehen herumdrücken)

Grummelt es schon mal im Magen? (Hand auf den Magen)
Und jetzt „Aaaah" ganz deutlich sagen. („Aaaah" sagen)

Sie haben eine wunde Kehle, (Hand an die Kehle)
rot und schmerzend. Ich empfehle: (mit erhobenem Zeigefinger)

Lutschen Sie 'ne Halspastille, (schmatzen)
gurgeln Sie auch mit Kamille. (Gurgelgeräusche machen)

Sie sollten möglichst leise sprechen, (den Mund lautlos öffnen und schließen)
um die Stimme nicht zu schwächen.

Bald wird's Ihnen besser gehn.
Also dann: Auf Wiedersehn." (winken)

**Taschentücher**
Musst du niesen?
Hast du Schnupfen?
Nimm ein Taschentuch –
zum Nasetupfen!

## Literatur

*Covi, Mario:*
**Mit Polli, Pit und Pummel zum Arzt**
Favorit Verlag, 2004
ISBN 3-8227-3517-5

*Jelenkovich, Barbara:*
**Mein allererstes Bildwörterbuch. Beim Arzt.**
Loewe Verlag, 2004
ISBN 3-7855-4455-3

*Rübel, Doris:*
**Zu Besuch beim Kinderarzt. Wieso? Weshalb? Warum?, Band 9**
Ravensburger Buchverlag, 1999
ISBN 3-473-33278-X

*Schneider, Liane; Wenzel-Bürger; Eva:*
**Conni geht zum Arzt. Lesemaus, Band 42**
Carlsen Verlag
ISBN 3-551-08607-9

# Beim Tierarzt

## Einsatzmöglichkeiten

**Aufmerksames Zuhören:**
Wenn Kinder lernen aufmerksam zuzuhören, unternehmen sie einen ersten Schritt in Richtung angemessenes Verhalten in Gesprächssituationen. Aufmerksames Zuhören bedeutet, dass man seine volle Aufmerksamkeit auf den Gesprächspartner und den Inhalt des Gesprächs richtet. Je weiter sich die Fähigkeit aufmerksam zuzuhören bei Kindern entwickelt, umso aufmerksamer wenden sie sich einander zu und umso besser können sie kommunizieren. Das Kind, das z.B. in dieser Übung die Rolle des Tierarztes übernimmt, muss dem Besitzer des Tieres aufmerksam zuhören, um herauszufinden, welche Beschwerden das Tier hat. Auch der Besitzer des Tieres muss dem Tierarzt aufmerksam zuhören, um die Diagnose zu erfahren.

## Lernziele

**Die Kinder**
- imitieren Schrift, wenn sie den Namen ihres Tieres und die Diagnose (mit buchstabenähnlichen Zeichen) notieren.
- imitieren das Lesen.
- stellen gezielte Fragen mit der Absicht, Informationen zu erhalten.

## Schlüsselwörter

Gesund – hungrig – Impfung – krank – Medikamente – Tierarzt – unglücklich – Verbandszeug – voll – zufrieden

## Materialien

Bleistifte – Karteikarten – Klemmbretter – Schilder – Spielzeugspritzen – Stethoskop – Stofftiere – Verbandszeug – weiße Kittel (oder abgeschnittene Oberhemden)

## Requisiten

- **Namensschildchen:** Zeichnen Sie ein paar Namensschildchen auf Papier (z.B. in Form eines Knochens). Kopieren Sie die Vorlagen ein paar Mal und schneiden Sie diese aus. Die Kinder können den Namen ihres Tieres daraufschreiben und an den Stofftieren befestigen.
- **Tierpflege:** Halbieren Sie mehrere DIN-A4-Blätter. Schreiben Sie *„Mein Tier“* oben auf die Seiten. Dann schreiben Sie die folgenden Stichwörter auf:

*Name des Tieres:*
*Tierart:*
*Pflegehinweise:*

Lassen Sie in jeder Zeile Platz für Eintragungen.

## Aufbau

Richten Sie die Rollenspielecke so ein, dass sie wie eine Tierarztpraxis aussieht. Helfen Sie den Kindern, Schilder mit *„Geöffnet“*, *„Geschlossen“* und anderen Aufschriften für die Praxis herzustellen. Geben Sie ihnen Klemmbretter, auf denen sie sich Notizen machen können. Bereiten Sie Zettel vor, auf die die Kinder den Namen ihres Tieres schreiben können. Fertigen Sie ein alphabetisch geordnetes Register an und regen Sie die Kinder an, Bilder von verschiedenen Tieren unter dem entsprechenden Anfangsbuchstaben einzuordnen.

## Impulsfragen

- Wie weint ein Tier?
- Wie hast du ihm geholfen, damit es aufhörte zu weinen?
- Was und wie fressen Tiere?
- Warum fütterst du dein Haustier mit bestimmten Sachen?
- Wie kannst du feststellen, ob dein Haustier krank oder gesund, zufrieden oder unglücklich ist?
- Wie kannst du dafür sorgen, dass es deinem Haustier besser geht?

## Minibücher

**Wenn ich ein ... hätte (Einzel- oder Gruppenbuch):** Fragen Sie die Kinder, wie sie sich um bestimmte Tiere kümmern würden. Geben Sie ihnen Blätter mit der Überschrift *„Wenn ich ein ... hätte, würde ich ...".* Lassen Sie sie die Lücken mit einem Tiernamen und Pflegetipps ausfüllen. Z.B.: *„Wenn ich einen Elefanten hätte, würde ich ihn mit Erdnüssen füttern."* Ermuntern Sie die Kinder, ihre Blätter oder Bücher selbst zu illustrieren. Wenn die Kinder Ihnen von ihren Büchern erzählen, versuchen Sie bewusst zuzuhören.

## Zusatzaktivitäten

- Laden Sie einen Tierarzt in die Gruppe ein oder machen Sie einen Ausflug zu einer Tierarztpraxis oder ins Tierheim. Sprechen Sie auch mit den Kindern darüber, welche Bedürfnisse verschiedene Tiere haben.
- Lassen Sie die Kinder verschiedene Tiere klassifizieren.

## Lieder, Gedichte und Fingerspiele

**Bingo**
In unsrem Haus, da wohnt ein Hund, der Bingo wird genannt.
In unsrem Haus, da wohnt ein Hund, der Bingo wird genannt.
B-I-N-G-O
B-I-N-G-O
B-I-N-G-O
Der Bingo wird genannt.
(Wiederholen Sie das Lied. Bei jedem weiteren Durchgang, ersetzen" Sie einen weiteren Buchstaben des Namens Bingo durch Klatschen, bis der Name nur noch geklatscht wird.)

klatsch-I-N-G-O
klatsch-klatsch-N-G-O

**Die Schildkröte**
Diese Kröte hat es gut:
sie hat's nicht weit nach Haus.
Egal was sie auch lässt und tut,
geht sie doch niemals aus.
Sie trägt ihr Heim mit sich herum
und sollt sie mal erschrecken,
dann macht sie Kopf und Zehen krumm
und kann sich drin verstecken.

## Literatur

*Fischer, Uta:*
**Unterwegs zur Tierärztin.**
Annette Betz Verlag, 2003
ISBN 3-219-11073-8

*Skarabela, Bärbel:*
**Mein Fühl-Wörterbuch Tiere.**
Ars Edition, 2006
ISBN 3-7607-7848-8

# Beim Zahnarzt

## Einsatzmöglichkeiten

**Der Anlaut des eigenen Namens:**
Machen Sie die Kinder mit dem Lautwert der Buchstaben vertraut, indem Sie ihre Aufmerksamkeit auf den Anlaut ihres Vornamens lenken. Kinder sagen manchmal: *„Das ist mein Name"*, wenn sie den Anfangsbuchstaben ihres Namens bei einem Wort entdecken, das mit demselben Buchstaben beginnt. Verweisen Sie auf andere Kinder, deren Name mit demselben Buchstaben anfängt. Die Kinder üben, den Anlaut ihres Namens herauszuhören, wenn sie ihre Patientenkarten in der Zahnarztpraxis einordnen. Lassen Sie die Kinder Wörter sammeln, die mit demselben Buchstaben beginnen wie ihr Name, z.B. *„Ben", „Ball", „Biene", „Buch", „Baby", „Bus" usw.* Kinder interessieren sich stärker für Wörter, deren Bedeutung sie kennen.

## Lernziele

**Die Kinder**
- erkennen und lesen ihren Namen und die Namen anderer Kinder, wenn sie mit der Patientenkartei spielen.
- begegnen dem Lautwert von Buchstaben, wenn sie Namen auf Vordrucken einordnen.
- üben, buchstabenähnliche Zeichen zu schreiben.
- imitieren das Lesen, wenn sie so tun, als würden sie Broschüren lesen.

## Schlüsselwörter

Bakterien – bürsten – Fluor – Kartei – Krankenkasse – Löcher – Zahnbürste – Zähne – Zahnfleisch – Zahnpasta – Zahnpflege – Zahnseide – Karies – Zahnspange – Kiefer

## Materialien

Berichtsvordrucke – Broschüren zur Zahnpflege – großes Plastikgebiss – Hintergrundinformationen über Zähne – Zahnputzbecher – Mundschutz – Poster zum Thema *„Zähne“* und *„Zahnpflege“* – Sortiermappen – Sticker – Tabletts – Umhängetücher – weiße Kittel – Zahnbürsten

## Requisiten

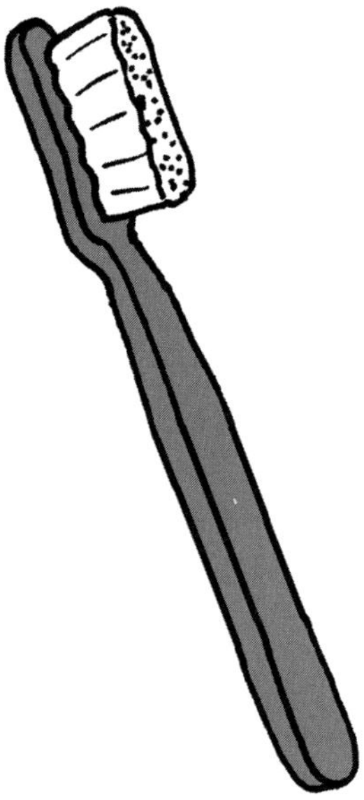

- **Patientenblatt:** Beschriften Sie das Blatt mit der Überschrift *„Patientenblatt“*. Darunter schreiben Sie die folgenden Stichworte:

*Name des Patienten:*
*Datum:*
*Untersuchungsergebnis:*

Lassen Sie neben jedem Stichwort Platz für Einträge.

- **Urkunde:** Zeichnen Sie um jedes Blatt einen Schmuckrand. Schreiben Sie in die Blattmitte:

*Herzlichen Glückwunsch!*
*Du hast keine Löcher in den Zähnen!*
*Dr. ... gratuliert dir zu deiner erfolgreichen Zahnpflege!*
*Überreicht an ... am ...*

Machen Sie von dieser Vorlage mehrere Kopien und lassen Sie sie von den Kindern thematisch passend illustrieren (z.B. mit einer Zahnbürste, einem Zahn oder mit einem Lächeln).

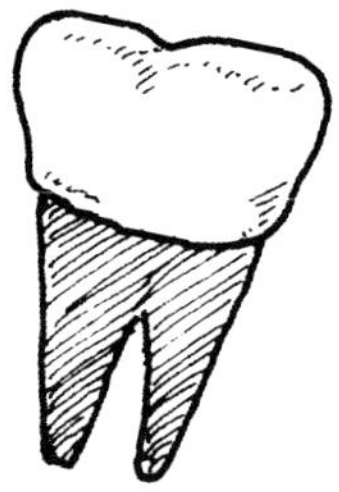

## Aufbau

Richten Sie die Rollenspielecke so her, dass sie wie eine Zahnarztpraxis mit Sprech- und Wartezimmer aussieht. Halten Sie Namenskärtchen für die Kinder bereit. Bitten Sie die Kinder, die Sortiermappen (für Patientenblätter) mit ihrem Namen zu versehen.
Die Namenskärtchen helfen ihnen dabei. Dann lassen Sie die Kinder ihre Patientenblätter unter dem entsprechenden Buchstaben einsortieren. Helfen Sie ihnen, den Anfangslaut ihres Namens herauszuhören. Die Kinder können Sticker und Zahnpflegeurkunden an Patienten verteilen.

## Impulsfragen

- Warum müssen wir uns die Zähne putzen?
- Warum verwenden wir Zahnpasta?
- Wie wachsen deine Zähne?
- Wie viele Zähne brauchst du?

## Minibücher

**Mein Zahn (Einzelbuch):** Kopieren Sie die Vorlage auf Seite 180 im Anhang. Heften Sie dieses Blatt auf ungefähr vier weiße Blätter und schneiden Sie den Umriss des Zahns aus allen Blättern aus. So sparen Sie Zeit und stellen sicher, dass das Zahngedicht nur auf dem Deckblatt steht. Geben Sie jedem Kind ein Buch und ermuntern Sie es, sich eine Geschichte auszudenken. Es kann die Worte mit Unterstützung selbst schreiben oder einem Erwachsenen diktieren. Wenn Sie einem Kind beim Schreiben helfen, heben Sie jedes Wort hervor, das mit demselben Anfangslaut beginnt wie sein Vorname. Bei einem Kind namens Ben betonen Sie beim Schreiben z.B. den „B"-Laut in *„bürsten"* oder *„Behandlung"*.

**Ausgefallene Milchzähne (Gruppenbuch):** Schneiden Sie nach der Vorlage der vorangegangenen Aktivität einen Zahn für jedes Kind aus und heften Sie die Blätter zusammen. Halten Sie fest, wann die einzelnen Kinder einen Zahn verloren haben. Machen Sie Fotos von den Kindern und kleben Sie sie auf die entsprechenden Zahnseiten. Lassen Sie die Kinder ihren Namen und das Datum auf ihre Seite schreiben. Dieses Buch kann gut das ganze Jahr über ausliegen. (Anmerkung: Wenn die Kinder in Ihrer Klasse oder Gruppe bis jetzt noch keine Zähne verloren haben, machen Sie ein Buch über *„Erste Zähne"*. Bitten Sie die Kinder herauszufinden, wann sie ihren ersten Zahn bekommen haben, und lassen Sie sie das Datum auf die Seite schreiben.)

## Zusatzaktivitäten

- Laden Sie eine zahnmedizinische Prophylaxefachkraft in Ihre Klasse ein, die den Kindern zeigt, wie sie ihre Zähne richtig pflegen und gesund erhalten.
- Lassen Sie die Kinder sich die Zähne putzen und dann eine Plaquefärbetablette kauen (gibt es beim Zahnarzt oder in der Apotheke), die deutlich macht, wo sie noch gründlicher putzen müssen.
- Stellen Sie den Kindern als Übungsmaterial Zahnbürsten, Zahnpasta und Kartoffeln hin. Lassen Sie die Kinder an den Kartoffeln üben, wie man mit den Zahnbürsten richtig schrubbt.

## Lieder, Gedichte und Fingerspiele

**Zahnfee**

Ach, Wackelzahn, fall endlich raus!
Dann kommst du unter's Kissen.
Und nachts nimmt dich die Zahnfee mit,
ich werd dich nicht vermissen.
Denn dort, wo du gelegen hast,
liegt anderntags, oh Wunder,
ein Euro für mich ganz allein,
ein großer, blanker, runder.

Nach dem Essen Zähne putzen!
Sind die Zähne weiß und sauber,
ist das ganz bestimmt kein Zauber!
Durch Putzen bleiben sie gesund.
Sie kriegen keine Löcher und
sie machen keinen Ärger.
Darum sei kein Drückeberger,
zwei Minuten reichen schon,
schöne Zähne sind der Lohn!

## Literatur

*Bartl, Ulla:*
**Beim Zahnarzt.**
Pestalozzi Verlag, 2003
ISBN 3-614-26292-8

*Keil, Christine u.a.*
**Mila und Vincent.**
**Wir gehen zum Zahnarzt.**
Esslinger Verlag, 2005
ISBN 3-480-22120-3

*Schneider, Liane; Wenzel-Bürger, Liane:*
**Conni geht zum Zahnarzt.**
**Lesemaus, Band 56**
Carlsen Verlag, 1998
ISBN 3-551-08627-3

*Clarke, Jane; Johansson, Cecilia:*
**Keine Angst vorm Zahnarzt, Wilbert!**
Brunnen-Verlag, 2003
ISBN 3-7655-6717-5

# Feuerwehrmann

## Einsatzmöglichkeiten

**Neue Wörter und ihre Bedeutung kennen lernen: Präpositionen**
Es sind kleine Wörter mit großer Wirkung: Präpositionen. Es ist wichtig, dass Kinder die Bedeutung von Präpositionen wie in, aus, über, unter und hinter kennen lernen. Die Kenntnis von Präpositionen fördert das Leseverständnis. Denn, ob sich etwas *„davor"* oder *„dahinter"* befindet, ist entscheidend für das Verständnis des Inhalts.
In der Rolle des Feuerwehrmannes bewegen sich die Kinder bei dieser Übung in einem brennenden Haus, kommen aus dem Haus und klettern unter und über Sachen. Diese Situation ermöglicht es den Kindern, die Bedeutung dieser Wörter anhand von praktischen Beispielen kennen zu lernen.

## Lernziele

**Die Kinder**
- üben, mit Buchstaben des Alphabets ihren Namen auf Abzeichen zu schreiben.
- erkennen die Bedeutung von Schrift auf Etiketten und Straßenkarten.

## Schlüsselwörter

Atemmaske – auf – aus – Feuerleiter – Feuerwehrauto – Feuerwehrhelm – Feuerwehrmann – hinter – in – vor – Jacke – Qualm – Sauerstofftank – Sirene – Stiefel – über – unter – unten – oben – Wasserschlauch

## Materialien

Abzeichen – alte Staubsaugerschläuche als Wasserschläuche – Spielzeugfeuerwehrhelme – große Kartons oder Steckwände – Gummistiefel – Jacken – Lenkrad – Straßenkarten – Taschenlampen – Trittleiter

## Requisiten

- **Abzeichen (siehe Anhang Seite 172):** Fertigen Sie Kopien des Abzeichens an und lassen Sie die Kinder ihren Namen daraufschreiben.
- **Feuerschutzurkunde:** Fertigen Sie Urkunden im DIN-A5-Format an und beschriften Sie diese folgendermaßen:

*Diese Urkunde wurde … für eine erfolgreich bestandene Feuerschutzübung überreicht.*
*… (Datum)*

Schmücken und illustrieren Sie die Urkunde nach Bedarf.

## Aufbau

Verwandeln Sie Ihre Rollenspielecke in eine Feuerwache. Kennzeichnen Sie die verschiedenen Abteilungen und Ausrüstungsgegenstände mit Kärtchen. Bauen Sie die Requisiten auf und bitten Sie die Kinder, ihren Namen auf die Abzeichen zu schreiben. Ermuntern Sie sie, aus großen Kartons ein Gebäude zu errichten, oder bauen Sie ein Haus um ein Klettergerüst. Die Kinder werden als Feuerwehrleute einen imaginären Brand in diesem Gebäude löschen. Regen Sie auch den Bau eines Feuerwehrautos mit Lenkrad, Kartons usw. an. Während die Kinder spielen, geben Sie unter Verwendung von Präpositionen an, wo sie sich befinden oder was sie tun sollten: unter dem Haus, in dem Feuerwehrauto, von oben auf das Feuer spritzen, um das Haus herum, hinter dem Haus. Sie können auch Präpositionen auf Kärtchen schreiben und diese an dem Haus, in der Feuerwache und dem Feuerwehrauto anbringen.

## Impulsfragen

- Warum tragen Feuerwehrleute eine Uniform?
- Wie sollte man sich verhalten, wenn es brennt?
- Wie kann man Brände vermeiden?

## Minibücher

**Feuer! Feuer! (Einzelbuch):** Fertigen Sie Kopien von den folgenden Vorlagen im Anhang an: Haus (Seite 181), Feuerwehrmann (Seite 180) und Tür (Seite 180). Von der Tür machen Sie sieben Kopien, von denen Sie jede mit einer Präposition beschriften: *„über"*, *„hinter"*, *„in"*, *„aus"*, *„unter"*, *„neben"* und *„drumherum"*. Machen Sie so viele Kopien, dass jedes Kind ein Haus, einen Feuerwehrmann und sieben Türen bekommt. Schneiden Sie die Türvorlagen aus und heften Sie sie über die Tür in der Hausvorlage. Kleben Sie ein geringeltes Band an das untere Ende des Wasserschlauches, den der Feuerwehrmann in der Hand hält, und befestigen Sie das andere Ende des Bandes am unteren Rand des Hauses. Auf die Türvorlagen malen die Kinder den Feuerwehrmann. Dabei halten sie sich an die Präpositionen. Die Figur des Feuerwehrmannes lässt sich dorthin bewegen, wo die Präposition es vorgibt, z.B. unter das Haus, über das Haus usw.

## Zusatzaktivitäten

- Sprechen Sie über das Thema *„Feuerschutz"*. Bringen Sie den Kindern bei, wie sie sich verhalten sollen, wenn es brennt, und vor allem auch wie sie Brände vermeiden.
- Erklären Sie den Kindern, wie sie im Notfall die Nummer der Feuerwehr wählen.
- Laden Sie einen Feuerwehrmann ein, der in der Gruppe von seiner Arbeit erzählt.

## Lieder, Gedichte und Fingerspiele

**Zehn kleine Feuerwehrmänner**

Zehn kleine Feuerwehrmänner
schliefen fest und tief,
lagen dicht beisammen,
(alle zehn Finger dicht nebeneinander ausstrecken)
bis die Glocke rief:
„Schnell, schnell, werdet munter! (mit den Fingern umherzappeln)
Rutscht die Stange runter! (Rutschbewegung mit den Händen machen)
In die Wagen, alle Mann! (Martinshorn nachmachen)
An die Schläuche, packt mit an!"
(mit den Händen einen imaginären Schlauch halten)

Zehn kleine Feuerwehrmänner
löschten schnell die Flammen,
krochen dann zurück ins Bett (gähnen)
und schliefen dicht beisammen.
(wieder alle zehn Finger dicht nebeneinander ausstrecken)

**Alarm**

„Es brennt, es brennt!"
ruft laut die Glocke.
Alles rennt
in Hemd und Socke,
schlüpft in Hose, Stiefel, Jacke,
greift nach Helm und spitzer Hacke,
rutscht hinunter an der Stange
und es dauert gar nicht lange,
da kann der rote Leiterwagen
eilig durch die Straßen jagen.

Dort: aus einem Fenster schlagen Flammen!
Schnell müssen sie die Tür einrammen
und richten ihre Wasserspritze
in die glühend rote Hitze.
Bald löscht der Strahl das Feuer aus.
Dann fährt die Feuerwehr nach Haus.

## Literatur

*Krüss, James; Meier-Albert, Erika:*
**Wer rief denn bloß die Feuerwehr?**
Pestalozzi Verlag, 2003
ISBN 3-414-81401-3

*Leiber, Lila:*
**Klapperlapapp. Das ist doch keine Feuerwehr!**
Loewe Verlag, 2003
ISBN 3-7855-4733-1

# Bankangestellter

## Einsatzmöglichkeiten

**Miteinander kommunizieren:**
Beim Spielen kommunizieren Kinder mit Hilfe von gesprochener Sprache. Fördern Sie die sprachliche Entwicklung der Kinder, indem Sie Situationen schaffen, in denen die Kinder erzählen können. Ermuntern Sie die Kinder dazu, nun den nächsten Meilenstein des Sprachverstehens auszuheben, also aufmerksam zuzuhören und Informationen mit anderen auszutauschen.
Wenn die Kinder in der folgenden Übung „*Bank*" spielen, interagieren sie mit Kunden und Kollegen. Sie lassen sich bestimmte Beträge auszahlen und reagieren angemessen auf Fragen.

## Lernziele

**Die Kinder**

- sprechen mit anderen Kindern zielgerichtet, wenn sie in der Bank interagieren.
- üben den Gebrauch von buchstabenähnlichen Zeichen, wenn sie Schecks und Einzahlungsscheine ausfüllen.
- erweitern ihr Verständnis von Schrift, wenn sie Schrift auf Geld, Schecks, Einzahlungsscheinen usw. wiedererkennen.

## Schlüsselwörter

abheben – Bank – Bankangestellter – Einzahlung – einzahlen – Geldautomat – Kassierer – Konto – Kontonummer – Kredit – Kreditkarte – mehr – Münzen – Schalter – Scheine – Scheck – Sparkasse – sparen – Überweisung – Überweisungsformular – verdienen – weniger

## Materialien

alte Kreditkarten – Bleistifte – Brieftaschen – Geldbörsen – große Kartons – Kalender – Kästchen für Geld – Papier – Taschenrechner – Zahlenstreifen

## Requisiten

- **Einzahlungsscheine (siehe Anhang, Seite 174).**
- **Gehaltschecks (siehe Anhang, Seite 174).**
- **Kreditkarten (siehe Anhang, Seite 174).**
- **Spielgeld (wird von der Sparkasse angeboten)**

## Aufbau

Lassen Sie die Kinder mit großen Kartons einen Schalter für ihre Bank bauen. Zeigen Sie ihnen, wie sie aus Kartons einen Schalter bauen können, hinter dem sich der Kassierer aufstellt. Der Kunde bekommt sein Geld in einer Schachtel zugeschoben. Legen Sie die Requisiten und Materialien aus. Die Bankkunden füllen Schecks, Einzahlungsscheine usw. aus. Der Kassierer kann das Geld bei Bedarf mit Hilfe eines Zahlenstreifens zählen.

## Impulsfragen

- Was würdest du kaufen, wenn du eine Handvoll Cents hättest?
- Warum ist es wichtig, Geld zu sparen?

## Minibücher

**Wenn ich Millionär wär (Gruppenbuch):** Sammeln Sie Ideen der Kinder, was sie tun würden, wenn sie eine Menge Geld hätten. Die Kinder werden wahrscheinlich viele Sachen aufzählen, die sie sich dann kaufen würden, doch Sie können sie auch ermuntern zu überlegen, wie sie mit dem Geld anderen helfen könnten. Geben Sie als Satzgerüst z.B. vor: *„Wenn ich Millionär wär, würde ich ...“*. Dies ist eine gute Gelegenheit, Werte zu vermitteln. Regen Sie die Kinder an, in ganzen Sätzen über ihre Ideen zu sprechen. Bitten Sie die Kinder, aufzuschreiben und zu malen, was sie mit dem Geld machen würden. Heften Sie die Seiten zu einem Buch zusammen. Auf die Titelseite schreiben Sie *„Wenn ich Millionär wär“*. Lesen Sie im Stuhlkreis aus dem Buch vor.

## Zusatzaktivitäten

- Lassen Sie die Kinder selbst Spielgeld herstellen. Zeigen Sie ihnen echte Geldscheine und Münzen als Vorlagen, die sie sich beim Malen ansehen können.
- Sprechen Sie mit den Kindern über den Wert von unterschiedlichen Münzen und Scheinen.
- Führen Sie in Ihrer Klasse ein Spielmarkensystem ein. Die Kinder können sich Spielmarken verdienen, indem sie bestimmte Aufgaben verrichten oder Pflichten erledigen. Mit diesen Marken können sie dann Vorrechte oder Belohnungen erwerben.

## Lieder, Gedichte und Fingerspiele

**Fünf Zehner**
Ich hatte mal fünf blanke Zehner,
und einen gab ich dir.
Da hatt ich nicht mehr fünfe,
da hatt ich nur noch vier.

Ich hatte mal vier blanke Zehner.
So manche Leckerei
konnt ich für einen Zehner kaufen,
da hatt ich nur noch drei.

Ich hatte mal drei blanke Zehner.
Für einen kauft ich Brei.
Da hatt ich einen weniger,
da hatt ich nur noch zwei.

Ich hatte mal zwei blanke Zehner,
mein Freund, der hatte keinen.
Drum habe ich mit ihm geteilt
und hatte nur noch einen.

Ich hab noch einen blanken Zehner,
doch den geb ich nicht her.
Sonst ist der letzte Zehner fort
und ich hab keinen mehr.

**Fünfer und Zehner**
Fünfer und Zehner hab ich in den Taschen
und dafür kauf ich mir was zum Naschen:
Bunt gestreifte Zuckerstangen?
Lange dünne Gummischlangen
mit Zitrone-Kirsch-Geschmack?
Lila Pastillen mit Salmiak?
So viele Lutscher, Bonbons und noch mehr,
da fällt mir die Entscheidung schwer.
Und gebe ich nicht alles aus,
trag ich die Münzen nicht nach Haus:
auf's Konto kommt der Rest vom Geld,
das hab ich mir so vorgestellt ...

## Literatur

*Weinhold, Angela:*
**Unser Geld.**
**Wieso? Weshalb? Warum?, Band 15**
Ravensburger Buchverlag, 2001
ISBN 3-473-33264-X

# Automechaniker

## Einsatzmöglichkeiten

**Den Anfangsbuchstaben des eigenen Namens erkennen:**
Es ist sehr wichtig, dass die Kinder das Schriftbild ihres Namens in unterschiedlichen Zusammenhängen entdecken können (z.B. Name auf Regalfächern, Namensschildchen, Platzkarten, Anmeldeformulare usw.). Der erste Buchstabe, der den Kindern wirklich etwas bedeutet, ist der Anfangsbuchstabe ihres Namens. Kinder reagieren oft ganz aufgeregt, wenn sie *„ihren"* Buchstaben irgendwo entdecken: *„Das ist das „T" – mein Buchstabe."* Wenn Kinder älter werden, erkennen sie auch andere Buchstaben in ihrem Namen und machen ihn in ihrer Umgebung aus. An diesem Punkt in ihrer Entwicklung beginnen die Kinder zu begreifen, was Buchstaben darstellen. In der Rolle des Mechanikers können sie in dieser Übung ihren Namen auf ihre Visitenkarten schreiben, auf Rechnungen und Namensschildchen.

## Lernziele

**Die Kinder**
- versuchen, mit buchstabenähnlichen Zeichen Namen auf Visitenkarten, Namensschildchen und Schlüsselanhänger zu schreiben.
- erkennen, dass Schrift Bedeutungen vermittelt.
- Imitieren das Lesen, wenn sie Schrift betrachten, die sie in ihrer Umgebung vorfinden (z.B. Bedienungsanleitungen für Autos).

## Schlüsselwörter

Auspuff – Automechaniker – Benzin – kaputt – Motor – Motorhaube – Öl – Reifen – reparieren – Werkstatt – Werkzeug

## Materialien

„echte“ alte Autoteile – Baseballkappen – Bedienungsanleitungen für Autos – große Kartons – Oberhemden – leere, saubere Ölflaschen – Lenkräder – Radkappen – Schlüssel – Sticker für Namenskärtchen – Werkzeug

## Requisiten

- **Visitenkarten:** Schneiden Sie quadratische Zettel mit einer Kantenlänge von 7,5 cm bis 10 cm zu. Schreiben Sie das Wort *„Automechaniker“* an den oberen Rand und lassen Sie Platz für den Namen des Kindes und die Adresse. Die Kinder füllen die Karten aus und bemalen sie.
- **Schlüsselanhänger:** Schneiden Sie kleine Sterne zu und machen Sie mit dem Locher ein Loch in eine Spitze.

## Aufbau

Legen Sie die verschiedenen Autoteile, Hemden und Kappen zum Verkleiden und Werkzeuge in der Rollenspielecke aus. Regen Sie die Kinder an, mit den vorhandenen Teilen eine Autowerkstatt zu imitieren. Ermuntern Sie die Kinder, unterschiedliche Rollen in der Autowerkstatt zu übernehmen, z.B. die Rolle des Mechanikers oder des Autobesitzers. Halten Sie Aufkleber bereit, so dass die Kinder Namensschilder basteln können. Auch die Schlüsselanhänger, Anmeldeformulare und Visitenkarten beschriften die Kinder mit ihrem Namen.

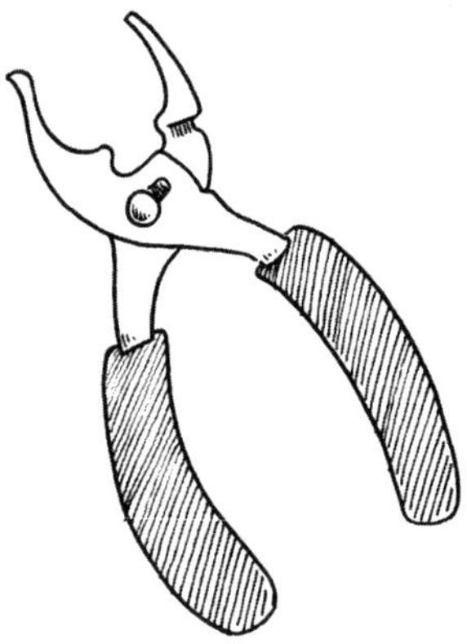

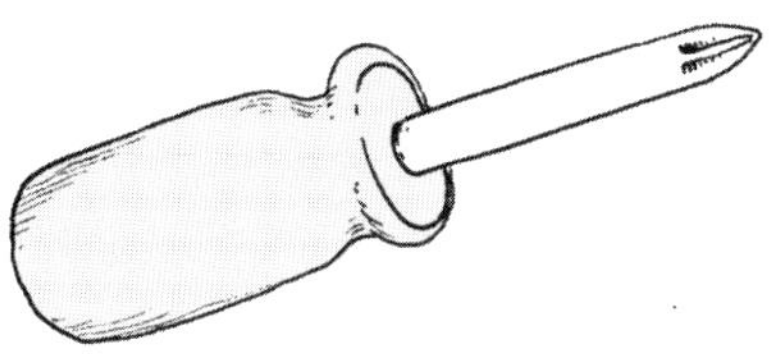

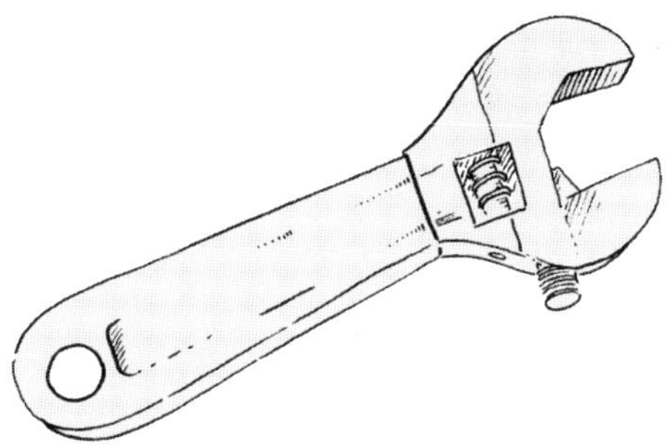

## Impulsfragen

- Was passiert in einer Autowerkstatt?
- Woran merkt der Besitzer, dass sein Auto kaputt ist?
- Wie reparieren Mechaniker Sachen am Auto, die kaputt sind?
- Warum muss man ein kaputtes Auto reparieren?
- Wie funktioniert ein Auto?
- Was bringt einen Automotor zum Laufen?

## Minibücher

**Mein kleines Auto (Gruppenbuch):** Zeichnen Sie den Umriss eines Autos auf ein Blatt Papier. Machen Sie für jedes Kind eine Kopie davon. Bitten Sie die Kinder, dem Auto einen Namen zu geben, der denselben Anfangsbuchstaben hat wie ihr Name (z.B. Freds Flitzer, Berts Blaue Bertha oder Sarahs Sandfloh). Regen Sie sie an, das Auto zu bemalen. Wenn sie das Auto mit Farbstiften oder Filzern ausgemalt haben, können sie Einzelheiten hinzufügen wie Glitter für die Scheinwerfer oder Zahnstocher für die Scheibenwischer. Heften Sie die Blätter zu einem Gruppenbuch zusammen.

**Was ein Mechaniker kann (Einzelbuch):** Schreiben Sie jede der nachfolgenden Zeilen auf ein separates Blatt, und zwar an den unteren Rand als Fußzeile bzw. Bildunterschrift.

*Ein Mechaniker kann*
*neue Scheinwerfer montieren*
*und den Auspuff reparieren*
*und den Ölstand kontrollieren,*
*die Türscharniere schmieren*
*und die Gänge ausprobieren.*
*Alles das und noch viel mehr,*
*das kann der Mechaniker.*

Heften Sie die Blätter zusammen. Schreiben Sie *„Was ein Mechaniker kann“ von …* auf das Titelblatt. Lassen Sie die Kinder die anderen Seiten bemalen. Bitten Sie sie, ihren Namen auf das Titelblatt und auf jede der nachfolgenden Seiten zu schreiben. Heben Sie den Anfangsbuchstaben der Namen hervor.

## Zusatzaktivitäten

- Bringen Sie verschiedene Werkzeuge mit und legen Sie sie in eine Tasche. Im Stuhlkreis ziehen die Kinder eines nach dem anderen ein Werkzeug hervor. Sprechen Sie über den Namen für das Werkzeug und über seine Verwendungsmöglichkeiten. Sie könnten auch die Kinder bitten, ein Werkzeug von zu Hause mitzubringen und dann wie oben beschrieben verfahren.
- Unternehmen Sie einen Ausflug in eine Autowerkstatt.

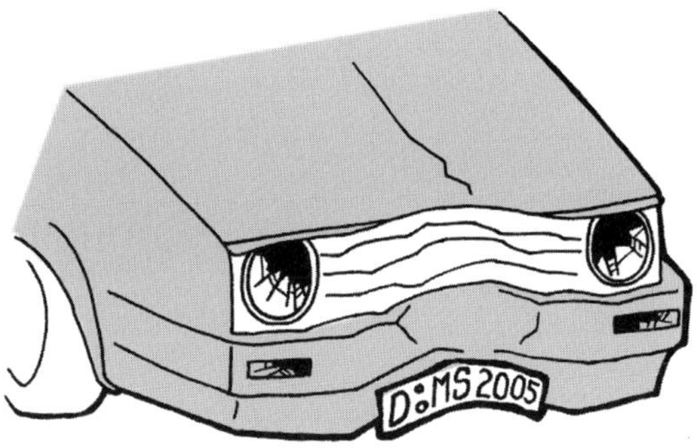


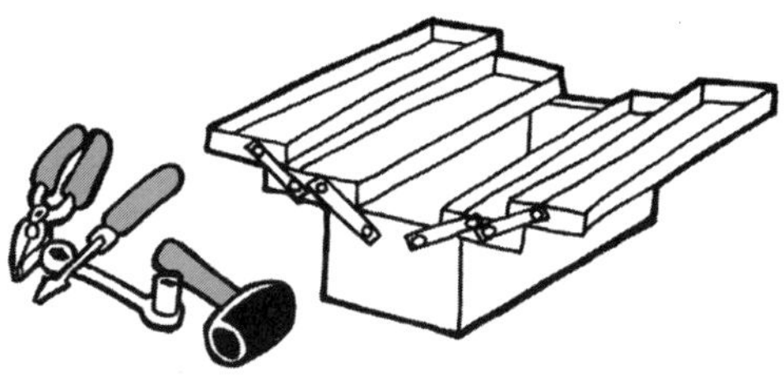

## Lieder, Gedichte und Fingerspiele

**Scheibenwischer**
Ich bin ein Scheibenwischer
(den Arm am Ellbogen mit den Fingern nach oben anwinkeln)
und kann mich so bewegen:
(den Arm aus dem Ellbogengelenk hin und her bewegen)
hin und her und her und hin, (die Armbewegung fortsetzen)
bei Hagel, Schnee und Regen. (die Armbewegung fortsetzen)

## Literatur

*Golluch, Norbert:*
**Mein Bilderbuch von der Autowerkstatt.**
Tosa Verlagsgesellschaft, 2005
ISBN 3-85492-068-7

*Güthner, Annette:*
**Ein Tag in der Autowerkstatt.**
Coppenrath Verlag, 2005
ISBN 3-8157-3386-3

*Golluch, Norbert; Kollars, Helmut:*
**Ich weiß was von der Autowerkstatt.**
Annette Betz Verlag, 1999
ISBN 3-219-10807-5

*Wagner, Urs:*
**Mein erstes Bilderwissen. In der Autowerkstatt.**
Edition Bücherbär, 2003
ISBN 3-401-08413-5

2

# Zu Hause

# Babypflege

## Einsatzmöglichkeiten

**„So-tun-als-ob"-Lesen:**
Kinder, die bereits im Vorschulalter das Lesen imitieren, haben einen besseren Zugang zur geschriebenen Sprache. Die Wahrscheinlichkeit, dass aus ihnen später gute Leser werden, ist größer als bei Kindern, die vor der Schule nicht mit Büchern und Schrift in Berührung gekommen sind. Wenn Kinder das Lesen nachahmen, lernen sie, dass Schrift gesprochene Sprache ist und dass Wörter für Bilder stehen können. Regelmäßiges Vorlesen und Gespräche mit Erwachsenen fördern den Wunsch der Kinder, das Lesen zu erlernen. Obwohl Kinder beim „So-tun-als-ob"-Lesen nicht wirklich lesen, erleben sie sich als Leser. Daher ist es empfehlenswert, den Kindern möglichst viele Gelegenheiten dazu zu geben. Puppen vorzulesen ist eine Möglichkeit, das Lesen nachzuahmen.

## Lernziele

**Die Kinder**

- tun so, als würden sie ihren Puppen vorlesen, während sie zu Bildern erzählen.
- trainieren die Fähigkeit zuzuhören, wenn sie sich Wiegenlieder anhören.

## Schlüsselwörter

Babys – Fläschchen – groß – Hunger – klein – Liebe – Rassel – schlafen – still – unglücklich – weich – Wiege – Wiegenlied – Windel – zärtlich – zufrieden

## Materialien

Babybettchen – Babysachen – Babyspielzeug – Bilder-/Lesebücher – Decken – Fläschchen – Geschirr – Lätzchen – leere Milchpulver-packungen – Löffel – Pappbücher – Rasseln – Schaukelstühle – Wickeltasche – Wiegenlieder – Windeln

## Requisiten

- **Babypass:** Schreiben Sie die folgenden Sätze auf ein Blatt Papier, und zwar so groß, dass sie das ganze Blatt ausfüllen. Machen Sie für jedes Kind eine Kopie von dem Blatt.

*Als ich geboren wurde*

*Ich wog … kg und … g.*
*Ich war … cm groß.*
*Ich wurde um … geboren.*
*Ich wurde am … geboren.*
*Besonderheiten: …*

## Aufbau

Legen Sie die Requisiten und Materialien in der Rollenspielecke aus. Regen Sie die Kinder dazu an, eine typische Vorlesesituation nachzuspielen (z.B. Gutenachtgeschichte vor dem Schlafengehen), und ermuntern Sie die Kleinen dazu, ihren „Kindern" aus Büchern vorzulesen. Für die passende Stimmung könnten Sie eine CD mit Wiegenliedern oder anderer Gutenacht-Musik abspielen.

## Impulsfragen

- Was mögen Babies besonders gerne?
- Wie zeigen Babies, wenn sie etwas brauchen?
- Was kannst du tun, wenn ein baby weint?
- Wie kümmerst du dich um dein Baby?
- Was kannst du tun, damit sich dein Baby wohl fühlt?

## Minibücher

**Als ich geboren wurde (Gruppenbuch):** Machen Sie für jedes Kind eine Kopie des Babypasses (siehe „Requisiten"). Auf ein weiteres Blatt schreiben Sie oben „*Wer ist das?*" und lassen Platz für ein Foto. Geben Sie jedem Kind diese beiden Blätter mit nach Hause und lassen Sie die Eltern die Informationen in den Babypass eintragen und ein Babyfoto auf das andere Blatt kleben. Auf die Rückseite der Blätter mit dem Foto malen die Kinder ein Bild von sich und schreiben ihren Namen darunter. Tragen Sie die Seiten zu einem Gruppenbuch zusammen. Die Kinder können sich die Babyfotos ansehen und versuchen zu raten, wer darauf abgebildet ist.

## Zusatzaktivitäten

- Bitten Sie die Kinder, Babybilder von sich mitzubringen und stellen Sie daraus eine Fotowand zusammen.
- Bitten Sie die Kinder, Bücher mitzubringen, die sie als Babys besonders gern mochten, und sie den anderen zu zeigen.
- Hängen Sie in der Gruppe eine Tabelle aus, in der Sie laufend die Größe und Entwicklung der Kinder festhalten.

## Lieder, Gedichte und Fingerspiele

**Nachtlied**
Schlaf, Kindchen, schlaf!
Lieg still und sei schön brav.
Gib Mama schnell noch einen Kuss
und dann ist für heute Schluss.
Schlaf, Kindchen, schlaf!

Schlaf, Kindchen, schlaf!
Lieg still und sei schön brav.
Bis Mama dich am Morgen weckt,
bleibst du gemütlich zugedeckt.
Schlaf, Kindchen, schlaf!
(Wiederholen Sie die Verse und ersetzen Sie „Mama" durch „Papa", „Schwester", „Tante" oder „Oma".)

***Unser Baby***
Unser Baby ist so wunderbar,
es hat ganz weiches Babyhaar
und einen hübschen Rosenmund
und blaue Augen, groß und rund.
Wenn ich abends bei ihm sitze,
hält es meine Fingerspitze.
Ich singe ihm ein Lied zur Nacht,
dann kommt der Schlaf, ganz leis und sacht.

## Literatur

*Jüngling, Christine;*
*Wienekamp, Jan:*
**Eine Rassel für das neue Baby.**
Albarello Verlag, 2003
ISBN 3-930299-74-7

*Lenain, Thierry; Durand, Delphine:*
**Pia will ein Baby.**
Oetinger, 2003
ISBN 3-7891-6839-4

*Wernsing-Bottmeyer, Barbara; Wöstheinrich, Anne:*
**Ich entdecke die Welt! Ein Baby.**
Coppenrath, 2006
ISBN 3-8157-3886-5

# Autowäsche

## Einsatzmöglichkeiten

**Phonemsynthese:**

Kinder erreichen die Stufe der phonologischen Bewusstheit, wenn sie sich der Laute in Wörtern bewusst werden. Fördern Sie das Spielen und Experimentieren mit Lauten in der gesprochenen Sprache und helfen Sie den Kindern, ihr Verständnis von Lauten mit Buchstaben und Wörtern in Verbindung zu bringen. Mit Lauten und Wörtern zu spielen hilft den Kindern, die unterschiedlichen Laute innerhalb eines Wortes herauszuhören und sie in anderen Wörtern wiederzuentdecken, z.B. „*Anne*", „*Wanne*" und „*Kanne*". In der folgenden Übung ahmen die Kinder mit Lauten bestimmte Geräusche nach, die in der Autowaschanlage entstehen, wie z.B. das „*Wisch-wisch*" der Scheibenwischer. Bisweilen geraten Kinder bei ihren Sprachexperimenten in unangemessene Wortfelder, etwa „Toilettensprache". Ermahnen Sie die Kinder, sich in angemessener Weise zu äußern und möglichst viele „Autogeräusche" realistisch nachzuahmen und nicht nur „irgendwelche" Geräusche zu produzieren. Wenn Sie Kindern die Möglichkeit eröffnen, mit Lauten zu experimentieren, bahnen Sie weiterführende Lese- und Schreibfähigkeiten an. Sie verbinden kindgemäße Sprache mit Schriftsprache und helfen ihnen sich zu sicheren Lesern zu entwickeln.

## Lernziele

**Die Kinder**

- lernen, Wörter zu erkennen, die mit demselben Anfangslaut beginnen.
- begreifen die Bedeutung von Schrift, indem sie Schilder anfertigen.

## Schlüsselwörter

Ausfahrt – drücken – Einfahrt – Flecken – glänzen – nass machen – rubbeln – polieren – sauber – schmutzig – schrubben – spritzen – staubsaugen – trocken – wachsen – waschen

## Materialien

Eimer – Tücher – Schilder – Schrubber – Schwämme – Sprühflaschen

## Requisiten

- **Schilder:** Fertigen Sie Schilder mit den Aufschriften *„Einfahrt"*, *„Ausfahrt"*, *„Geöffnet"* und *„Geschlossen"* an.

## Aufbau

Sie können die Autowäsche entweder im Freien stattfinden und die Kinder ihre Dreiräder oder Fahrräder mit Wasser und echter Seife putzen lassen oder „Autowäsche" im Gruppenraum spielen. Ermuntern Sie die Kinder, ihr Spiel von Geräuschen zu begleiten, die beim Autowaschen zu hören sind, z.B. das *„Wisch-wisch"* der Scheibenwischer, das *„Wruuuummm"* des Staubsaugers und das *„Pft-pft"* der Sprühflaschen. Lassen Sie die Kinder selbst Schilder anfertigen, die sie in ihrer Autowaschanlage aufstellen, z.B. *„Autowäsche 5 €"*, *„Geöffnet"*, *„Geschlossen"*, *„Frei"*, *„Vorfahren" oder „Wachsen"*. Falls nötig, schreiben Sie den Kindern die Wörter vor, die sie auf ihre Schilder schreiben möchten, so dass sie diese abschreiben bzw. abmalen können.

## Impulsfragen

- Worin gleichen sich diese beiden Autos?
- Worin unterscheiden sie sich?
- Was passiert mit Autos in der Autowaschanlage?
- Wie werden Autos sauber gemacht?
- Welche Geräusche hört man in der Waschanlage?

## Minibücher

**Autowäsche (Gruppenbuch):** Geben Sie jedem Kind ein Blatt mit dem folgenden Gedicht:

**In der Autowaschanlage**
An einem schönen Sonnentage
fahr ich in die Waschanlage.
Mein Auto ist ganz staubig.

Erst muss ich eine Münze zahlen,
dann machen Schaum und Wasserstrahlen
mein Auto rundum sauber.

Schließlich muss ich noch die Scheiben
richtig blank und trocken reiben,
dann glänzt mein Auto wieder.

Jedes Kind beschreibt ein anderes Auto, das es gerne durch die Autowaschanlage schicken möchte. Notieren Sie die Beschreibung auf dem Blatt des Kindes und schreiben Sie dazu, welches Geräusch das Auto macht. Die Kinder malen ihr Auto dazu. Heften Sie die Titelseite und die Blätter der Kinder zu einem Buch zusammen.

## Zusatzaktivitäten

- Im Stuhlkreis helfen Sie den Kindern, Wörter mit demselben Anlaut herauszuhören und ermuntern sie dazu, selbst Wortkombinationen zu finden, z.B. auspuffendes Auto, wilde Wischer, staubiger Staubsauger, Wisch-Wasser, funkelnde Fenster, spritzende Sprühflasche usw.
- Gehen Sie mit Klemmbrett und Papier auf einen Parkplatz und lassen Sie die Kinder nachzählen, wie viele Autos von jeder Farbe dort zu finden sind.
- Spielen Sie mit den Kindern *„Autowaschanlage"*: Die Kinder stehen *„Spalier"*, während ein anderes Kind durch den Tunnel wandert und auf verschiedene Art und Weise von den übrigen Kindern geschrubbt und gewaschen wird.

## Lieder, Gedichte und Fingerspiele

**Die Räder vom Auto**
(zu der Melodie von „Die Räder vom Bus“,
engl. Lied „The wheels on the bus“)

Die Räder vom Auto dreh'n sich rundherum,
rundherum, rundherum.
Die Räder vom Auto dreh'n sich rundherum
auf dem Weg zum Waschplatz.
2. Vers: Der Wasserstrahl macht sss, sss, sss …
So geht's auf dem Waschplatz.
3. Vers: Die Bürsten machen schrubb, schrubb, schrubb …
So geht's auf dem Waschplatz.
4. Vers: Die heiße Luft macht pffft, pffft, pffft …
So geht's auf dem Waschplatz.
5. Vers: Der Staubsauger, der macht wrumm, wrumm, wrumm …
So geht's auf dem Waschplatz.
Und das Auto glänzt nun schön,
glänzt nun schön, glänzt nun schön,
und das Auto glänzt nun schön
und funkelt auf dem Waschplatz.

In der Autowaschanlage
Oh Schreck, oh Graus!
Wie sieht denn nur mein Auto aus?

Es ist schmutzig, ohne Frage.
Ich muss in die Waschanlage.

Dort wird das Auto wie durch Zauber
funkelblank und blitzesauber.

Auf dem Heimweg fahr ich – patsch!
mitten durch den Matsch!

Oh Schreck, oh Graus!
Wie sieht denn nur mein Auto aus?

## Literatur

*Golluch, Norbert:*
**Mein Bilderbuch von der Autowerkstatt.**
Tosa Verlagsgesellschaft, 2005
ISBN 3-85492-068-7

*Golluch, Norbert; Kollars, Helmut:*
**Ich weiß was von der Autowerkstatt.**
Annette Betz Verlag, 1999
ISBN 3-219-10807-5

*Güthner, Annette:*
**Ein Tag in der Autowerkstatt.**
Coppenrath, 2005
ISBN 3-8157-3386-3

*Wagner, Urs:*
**Mein erstes Bilderwissen. In der Autowerkstatt.**
Edition Bücherbär, 2003
ISBN 3-401-08413-5

# Haarpflege

## Einsatzmöglichkeiten

**Zwischen gesprochener und geschriebener Sprache unterscheiden:** Es ist wichtig, dass Kinder möglichst früh lernen, zwischen gesprochener und geschriebener Sprache zu unterscheiden. Wenn Sie Kindern bei diesem Lernschritt helfen wollen, sollten Sie ihnen viele Möglichkeiten zum Sprechen und Schreiben geben. Wenn Kinder mit vielfältigen Sprechanlässen konfrontiert und in Unterhaltungen einbezogen werden, Ereignisse und tägliche Abläufe schildern und Arbeitsanweisungen geben und selbst befolgen, machen sie Fortschritte in ihrer sprachlichen Entwicklung. In dieser Übung können Kinder etwas auf einer Visitenkarte notieren, einen Termin machen und ihn festhalten, telefonische Mitteilungen aufnehmen und Schilder schreiben. Dabei stellen sie fest, dass gesprochene Sprache auch verschriftlicht werden kann. Sowohl die gesprochene als auch die geschriebene Sprache sollte ein selbstverständlicher Bestandteil ihres Spiels sein.

## Lernziele

**Die Kinder**

- lernen, Informationen zu erfragen, wenn sie in die Rollen des Friseurs und des Kunden schlüpfen.
- üben, auf Visitenkarten und in Terminkalender zu schreiben.
- haben Gelegenheit, sich zu unterhalten.

## Schlüsselwörter

Bürste – Dauerwelle – dicht – dunkel – dünn – Flechtzöpfe – Friseur – Frisur – Haargel – Haarspray – kurz – lang – leicht – nach oben – nach unten – Salon – Shampoo

## Materialien

(kaputter) Lockenstab ohne Kabel – alter Föhn ohne Schnur – Bleistifte – Bürsten – Frisierumhang – Frisurenzeitschriften – Haarklammern – Kämme – leere Shampooflaschen und Geltuben – Lockenwickler aus Plastik – Perücken – Puppen – Rasierer ohne Rasierklinge – Rasierpinsel – Schleifen – Spiegel – Spritzflaschen – Styroporköpfe – Tasse – Terminkalender

**Anmerkung:** Stellen Sie sicher, dass die Kinder keine Kopfläuse haben. Diese werden schnell übertragen. Um auf Nummer sicher zu gehen, lassen Sie die Kinder Styroporköpfe mit Perücken oder Puppen frisieren, statt Frisuren an sich selbst auszuprobieren.

## Requisiten

- **Visitenkarten:** Stellen Sie aus Karteikarten Visitenkarten für den Friseur her. Schreiben Sie *„Friseursalon"* an den oberen Rand. Darunter lassen Sie Platz für den Namen des Kindes. Die Kinder können die Karten nach ihren Vorstellungen bemalen.
- **Terminkalender:** Schreiben Sie *„Termine"* oben auf ein Blatt. Darunter schreiben Sie: *„Tag: ..."* und machen eine Liste der verfügbaren Zeiten: 10.00 Uhr, 11.00 Uhr usw. Daneben lassen Sie Lücken, in die die Kinder Namen eintragen können. Kopieren Sie das Blatt mehrfach.

## Aufbau

Richten Sie die Rollenspielecke so her, dass sie wie ein Friseursalon aussieht. Bauen Sie Haarpflegerequisiten und andere Materialien auf. Legen Sie einen Terminkalender zurecht, in dem die Kinder Namen der „Kunden" eintragen können. Legen Sie Zeitschriften als Lesestoff für die Kunden aus, die auf ihren Termin warten. Stapeln Sie Visitenkarten auf, die die Kinder mit ihrem Namen versehen und an die anderen Kinder weitergeben können.

## Impulsfragen

- Wie hättest du dein Haar gerne?
- Wie soll deine Frisur aussehen?
- Welche Haarfarbe hast du?

## Minibücher

**Meine Frisur (Einzelbuch):** Schneiden Sie große Ovale aus Papier zu und geben Sie jedem Kind eines davon. Stellen Sie Bastelmaterialien wie z.B. künstliches Haar, Strohhalme oder verschiedenfarbige Wollfäden zur Verfügung. Die Kinder malen ein Gesicht auf das Oval und kleben Haare an den Kopf. Auf der Rückseite befestigen Sie Holzstiele. Bauen Sie eine Puppenspielbühne auf und lassen Sie die Kinder

Geschichten mit ihren selbst gebastelten Köpfen erfinden. Bitten Sie die Kinder, Ihnen ihre Geschichten zu diktieren.
**Frisurenbuch (Gruppenbuch):** Lassen Sie die Kinder ihre Traumfrisur aufmalen. Falls nötig, können sie auch Bastelmaterial für ihre Bilder verwenden. Schreiben Sie die Wörter auf, mit denen die Kinder ihre Frisur beschreiben. Entwerfen Sie ein Deckblatt und heften Sie die Blätter zusammen.

## Zusatzaktivitäten

- Unternehmen Sie mit den Kindern eine Exkursion in einen Friseursalon.
- Lassen Sie Grashaar auf Sockenköpfen sprießen. Schneiden Sie den Fuß von einem alten Nylonstrumpf ab und verknoten Sie ein Ende des Schlauches, der zurückbleibt. Streuen Sie Grassamen in das verknotete Ende und bedecken Sie diese mit Erde. Nun verknoten Sie das offene Strumpfende, drehen den Strumpf um und legen ihn auf ein Tablett. Achten Sie darauf, dass die Erde feucht gehalten wird. Wenn das Gras lang genug ist, können die Kinder dem Sockenkopf eine Frisur schneiden und ihm ein lustiges Gesicht aufmalen.

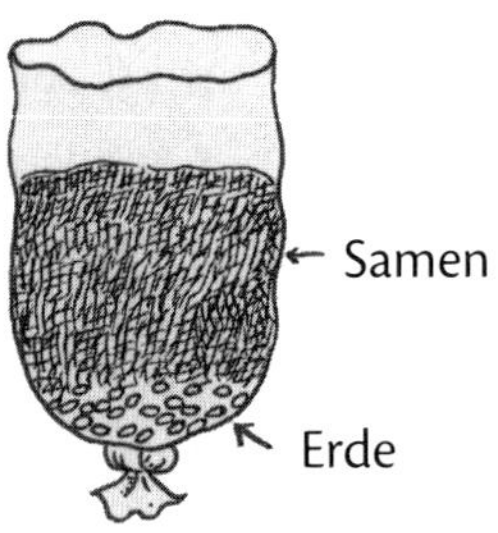

## Lieder, Gedichte und Fingerspiele

**Beim Friseur**
(zu der Melodie von „Zeigt her eure Füße")

Mit Shampoo und Haarspray,
mit Schere und Föhn,
so machen Friseure die Haare sehr schön:

Sie waschen, sie waschen, sie waschen den ganzen Tag.
Sie kämmen ...
Sie schneiden ...
Sie wellen ...
Sie färben ...
Sie föhnen ...

**Mein Bär**
Mein Bär hat keine Haare,
mein Bär, der ist ganz kahl,
doch für ein Tier in seinem Alter
ist das wohl normal.

Sein Haar war anfangs lockig,
ganz kringelig und kraus,
doch seine schönen Wuschelhaare
fielen langsam aus.

Ich hab ihn trotzdem gerne,
er ist der beste Bär.
Ich könnt ihn gar nicht lieber mögen,
wenn er haarig wär.

## Literatur

*Carolat, Greta; Mais, Susanne:*
**Komm, Haare waschen, Buddy Bär!**
Edition Bücherbär, 2005
ISBN 3-401-08768-1

*Moss, Miriam; Chapman, Lynne:*
**Das große Haare raufen.**
Bloomsbury Kinderbuch, 2004
ISBN 3-8270-5010-3

# Geburtstagsfest

## Einsatzmöglichkeiten

**Authentische Schreib- und Leseanlässe:**
Die Grundkompetenzen für den Erwerb der Schriftsprache werden maßgeblich durch altersgemäße Übungen im Bereich Lesen und Schreiben gefördert. Arbeitsblätter sind dafür nicht geeignet, denn sie bleiben abstrakt und haben für die Kinder häufig keine Bedeutung. Abstrakte Schreib- und Leseübungen können die Entwicklung der Kinder hemmen. Wenn die Kinder jedoch Geburtstagskarten und Einladungen gestalten, motiviert diese nachvollziehbare und lebensnahe Situation sie zum Schreiben. Sie finden es spannend, anderen ihre Karten zu überreichen und in unterschiedliche Rollen zu schlüpfen. Das Rollenspiel bietet einen Rahmen für realistische Schreib- und Leseanlässe.

## Lernziele

**Die Kinder**
- erkennen und lesen einige Wörter, wenn sie Geburtstagskarten und Einladungen anfertigen.
- erkennen sich reimende Wörter beim Spielen.

## Schlüsselwörter

Aufregung – Einladung – Freunde – Gäste – Geburtstag – Geschenk – Glückwünsche – Karte – Überraschung – Wünsche

## Materialien

Geburtstagsgirlanden – Geschenkpapier – Kartons für Geschenke – Kerzen – Kuchen aus Schaumstoff – Luftschlangen – Pappteller – Partyhüte – Partyspiele (z.B. Plumpsack, Reise nach Jerusalem) – Platzkärtchen – Preise (für Geburtstagsgäste) – Servietten – Stoppuhr

## Requisiten

- **Geburtstagskarten:** Verwenden Sie Papier, leichten Karton oder Karteikarten. Schreiben Sie *„Herzlichen Glückwunsch zum Geburtstag"* auf die Vorderseite und *„An"* und *„Von"* auf die Rückseite. Lassen Sie die Kinder die Karten bemalen.
- **Einladungen zur Geburtstagsparty:** Verwenden Sie Papier, leichten Karton oder Karteikarten. Schreiben Sie *„Einladung zum Geburtstag"* auf die Vorderseite und *„Am ..."*, *„Von ... bis ..."* und *„Bei ..."* auf die Rückseite.

## Aufbau

Helfen Sie den Kindern, *„Herzlichen Glückwunsch zum Geburtstag"* auf einen großen Bogen Papier zu schreiben. Legen Sie die Requisiten in der Rollenspielecke aus. ermuntern Sie die Kinder, Geburtstagskarten und Einladungen für ihre Freunde zu gestalten. Falls nötig, schreiben Sie die Namen der Kinder zum Abschreiben auf Platzkarten. Räumen Sie gegebenenfalls etwas Platz in der Malecke frei, so dass die Kinder dort Geschenke basteln und einpacken können. Lassen Sie die Kinder sich in der Rolle des Geburtstagskindes abwechseln.

## Impulsfragen

- Was ist ein Wunsch?
- Warum sind dir Geburtstagsgeschenke wichtig?
- Warum lädt man sich Gäste zum Geburtstag ein?

## Minibücher

**Unsere Freunde (Gruppenbuch):** Schneiden Sie aus dünnem Karton oder aus Pappe 10 x 20 cm große Stücke zu und kleben Sie die Stücke auf der Rückseite mit breitem transparentem Klebestreifen zu einem langen Streifen zusammen. Falten Sie die Blätter in Zickzackform wie ein Leporello-Buch. Zeichnen Sie einen etwa 12 cm Umriss eines Körpers, ähnlich der Vorlage für einen Lebkuchenmann. Kopieren Sie den Umriss und schneiden Sie ihn aus. Machen Sie Nahaufnahmen von den Gesichtern der Kinder. Kleben Sie auf jeden Umriss ein Gesicht. Die Kinder können den Figuren Kleider aufmalen. Kleben Sie auf jede Seite des Buches einen Umriss und schreiben Sie dazu, was die Kinder aneinander mögen. Achten Sie darauf, dass über jedes Kind etwas im Buch steht. Für die Kinder ist das sehr wichtig.

## Zusatzaktivitäten

- Erklären Sie den Kindern, was ein „Nichtgeburtstag" ist (ein Tag, an dem man so tut, als sei es der Geburtstag). Lesen Sie den Abschnitt über Nichtgeburtstage in Alice im Wunderland oder sehen Sie sich ihn an. Backen Sie mit den Kindern zusammen Muffins und verzieren Sie sie gemeinsam.
- Spielen Sie Partyspiele, die den Kindern helfen, Reimwörter zu erkennen. Sie können z.B. Bilder von Wörtern, die sich leicht reimen lassen, auf Zettel malen oder kleben. Teilen Sie die Kinder in Gruppen ein. Zu jeder Gruppe gehört ein Erwachsener. Ziehen Sie einen der Zettel aus einem Hut und lassen Sie die Kinder passende Reimwörter zu dem Wort darauf finden. Der zu der Gruppe gehörende Erwachsene schreibt die Wörter auf eine Tafel. Stellen Sie eine Stoppuhr ein. Die Gruppe, die am Ende der Zeitspanne die meisten Reimwörter zusammengetragen hat, hilft den anderen Gruppen. Noch mehr Spaß macht es, wenn Sie auch Unsinnswörter mitzählen!

## Lieder, Gedichte und Fingerspiele

**Fünf Geburtstagsgeschenke**
Fünf Geschenke in buntem Papier.
Ich mach das große auf, da sind es nur noch vier.

Vier Geschenke an meinem Geburtstag im Mai.
Ich mach das lange auf, da sind es nur noch drei.

Drei Geschenke stehen in der Reih'.
Ich mach das rote auf, da sind es nur noch zwei.

Zwei Geschenke von Tante Ruth in Mainz.
Ich mach das flache auf, da ist es nur noch eins.

Ein Geschenk, so geheimnisvoll.
Ich mach es auf – oh, wie toll ...

**Heute ist Geburtstag!**
Wo ist das Geburtstagskind?
Ich kann es nicht entdecken.
Ich suche überall herum,
in allen Zimmerecken.

Du bist das Geburtstagskind,
ich bin mir ziemlich sicher.
Ich seh's am strahlenden Gesicht
und hör es am Gekicher!

Herzlichen Glückwunsch zum Geburtstag!

## Literatur

*Junaković, Svjetlan:*
**Alles Gute zum Geburtstag.**
Bohem Press, 2002
ISBN 3-85581-387-6

*Miler, Zdenek:*
**Maus und Maulwurf feiern Geburtstag.**
Leiv Leipziger Kinderbuch, 2004
ISBN 3-89603-192-9

*Shaw, Elisabeth:*
**Die Schildkröte hat Geburtstag.**
Kinderbuch Verlag, 2005
ISBN 3-358-03004-0

*Vohwinkel, Astrid:*
**Jakob feiert Geburtstag.**
Pestalozzi Verlag, 2002
ISBN 3-614-23794-X

*Wantabe, Etsuko:*
**Oscars Geburtstag. Das Geburtstagsbuch zum Mitspielen.**
Bloomsbury Kinder- und Jugendbücher, 2006
ISBN 3-8270-5095-2

# Backtag

## Einsatzmöglichkeiten:

**Der praktische Nutzen von Schrift in Alltagstexten:**
Es ist wichtig, dass Kinder die Funktion von Schrift begreifen. Wenn Kinder beobachten, wie Erwachsene schriftlichen Anleitungen folgen, sehen sie, wie Schrift funktioniert. Sie lernen, dass es wichtig ist, in einer bestimmten Reihenfolge vorzugehen. In dieser Übung tun die Kinder so, als würden sie backen und sehen sich dabei Rezepte und Kochbücher an. Sie entwickeln dabei ein Gefühl für eine Reihenfolge und erkennen, dass Schrift einen praktischen Nutzen hat. Wenn Kinder einem Erwachsenen Rezepte diktieren, beginnen sie die Bedeutung von Schrift zu verstehen. Dies ist ein wichtiges Element beim Lesenlernen.

## Lernziele

**Die Kinder**

- verstehen die Funktion von Schrift, wenn sie sich Rezepte ansehen.
- führen eine Reihe von Anweisungen aus, wenn sie Rezepte benutzen.
- üben sich im kreativen Schreiben, wenn sie ein Kochbuch zusammenstellen.
- wechseln sich mit anderen ab.
- lernen Gerichte aus anderen Ländern kennen.

## Schlüsselwörter

Abmessen – backen – Bäckerei – bitter – braten – dünnflüssig – hart – klumpig – kneten – knusprig – kochen – mischen – Rezept – rühren – sauer – schlagen – sieben – süß – weich – Zutaten

## Materialien

Ausstechförmchen – Backbleche – Bleistifte – Knete – leere Rezeptkarten – Löffel – Muffinförmchen – Nudelholz – Ordner für Rezeptkarten – Pizzaformen – Schneebesen – Schürzen – Schüsseln – Teigschieber – Tischdecke aus Plastik – Topfuntersetzer

## Requisiten

- **Rezeptkarten:** Stellen Sie die Vordrucke her, in die die Kinder ihre Rezepte eintragen können.

## Aufbau

Bauen Sie die Requisiten in der Rollenspielecke auf. Platzieren Sie Rezeptkarten und Kochbücher so, dass die Kinder sie sich leicht ansehen können. Ermuntern Sie die Kinder, selbst Rezepte zu erfinden und sie auf die leeren Karten zu „schreiben".

## Impulsfragen

- Wie macht man Kuchen / Plätzchen?
- Was brauchen wir, um einen / eine ... zu backen?

## Minibücher

**Unsere Lieblingsrezepte (Einzelbuch):** Geben Sie jedem Kind eine Rezeptkarte (siehe Requisiten) mit nach Hause und bitten Sie die Eltern, das Lieblingsrezept ihrer Familie mit schwarzer Tinte daraufzuschreiben. Wenn die Kinder die Karten wieder mitbringen, fragen Sie sie, wie das beschriebene Gericht zubereitet wird. Schreiben Sie ihre Antworten auf ein separates Blatt Papier. Kleben Sie die Rezeptkarte auf das Blatt mit der Version des Kindes. Kopieren Sie alle Blätter, so dass jedes Kind einen kompletten Satz bekommt. Machen Sie für jedes Kind ein Buch daraus. Ein tolles Geschenk!

## Zusatzaktivitäten

- Lassen Sie die Kinder nach einem einfachen Rezept etwas backen oder kochen. Vergrößern Sie das Rezept und kleben Sie es auf einen Bogen Plakatkarton, so dass alle Kinder es sehen und mit Ihnen die Schritte nachvollziehen können. Sie können zuvor auch einen Ausflug in den Supermarkt unternehmen, um alle Zutaten einzukaufen.
- Helfen Sie den Kindern teilen zu lernen. Backen Sie einen Kuchen und beginnen Sie ihn selbst zu essen. Weigern Sie sich, den Kindern etwas davon abzugeben, wenn sie Sie um ein Stück bitten. (Auf diese Weise regen Sie eine Diskussion darüber an, wie es sich anfühlt, wenn jemand nicht teilen will, und helfen den Kindern, sich eine Lösung des Problems auszudenken.) Am Ende geben Sie allen ein Stück von Ihrem Kuchen ab und sprechen mit den Kindern darüber, wie wichtig es ist zu teilen.

## Lieder, Gedichte und Fingerspiele

**Backtag**
Backe, backe Kuchen,
wir wollen es versuchen,
wollen guten Kuchen machen,
brauchen dafür sieben Sachen:
Eier und Schmalz,
Zucker und Salz,
Milch und Mehl,
Safran macht den Kuchen gehl.

**Wer will fleißige Bäcker sehn?**
Wer will fleißige Bäcker sehn, der muss zu uns Kindern gehen.
Rühre fein, rühre fein,
der Kuchen wird bald fertig sein.

## Literatur

*Butschkow, Ralf:*
**Ich hab einen Freund, der ist Bäcker. Lesemaus, Band 7**
Carlsen Verlag, 2004
ISBN 3-551-08807-1

*Miler, Zdenek:*
**Der Maulwurf als Bäcker.**
Leiv Leipziger Kinderbuch, 2002
ISBN 3-89603-110-4

*Rieger, Anja:*
**Lena und Paul backen Lebkuchen.**
Baumhaus Buchverlag, 2004
ISBN 3-8339-0267-1

# Putztag

## Einsatzmöglichkeiten

**Den Unterschied zwischen Bildern und Wörtern erkennen:**
Listen oder Tabellen, die Bilder und Text enthalten, helfen Kindern zu begreifen, dass Schrift das wiedergeben kann, was auch ein Bild darstellt. Leseanfänger assoziieren Bilder mit Wörtern, wenn sie mit dem Lesen beginnen. Sammeln Sie vor Beginn der folgenden Übung die Ideen der Kinder zum Thema, z.B. welche Sachen geputzt werden müssen. Stellen Sie daraus eine Liste zusammen und fügen Sie dem Text eine entsprechende Illustration hinzu, so dass die Kinder jedes Wort mit einem Bild verknüpfen können.

## Lernziele

**Die Kinder**

- lesen Schrift aus dem Alltagsbereich, wenn sie sich Etiketten ansehen.
- Lernen die Funktion von Schrift zu verstehen, wenn sie Listen oder Tabellen erstellen.

## Schlüsselwörter

Besen – Bürste – Eimer – Handfeger – Kehrblech – Keime – putzen – Putzmittel – Schwamm – Seife – Spülmittel – Staub – Staubwedel – Topfschwamm – Wischmopp – Wischtuch

## Materialien

Bleistifte – Eimer – Gummihandschuhe – Kehrbleche – Kopftücher – leere Flüssigseifenbehälter – leere, gründlich gereinigte Behälter für Putzmittel – Wischmopps – Papier – Putzlappen – Schürzen – Schwämme – Sprühflaschen – Staubwedel – Tabellen – Topfschwämme

## Requisiten

- **Putzliste:** Fertigen Sie eine Tabelle mit der Überschrift *„Putzliste"* an und unterteilen Sie die Seite in zwei Spalten. Über die linke Spalte schreiben Sie *„Name"* und über die rechte *„Aufgabe"*.

## Aufbau

Bauen Sie die Putzrequisiten in der Rollenspielecke auf. Stellen Sie eine Reihe von Putzmittelbehältern auf, so dass die Kinder die Etiketten betrachten können. Helfen Sie den Kindern, eine Liste oder Tabelle mit den Dingen zusammenzustellen, die sie beim Saubermachen erledigen sollen. Wenn möglich, lassen Sie die Kinder die Wörter schreiben oder die Bilder dazu malen.

## Impulsfragen

- Warum ist es wichtig, Sachen sauber zu halten?
- Was muss hier in unserem Raum alles regelmäßig sauber gemacht werden?

## Minibücher

**Putzbuch (Einzelbuch):** Bitten Sie die Kinder, aufzuschreiben oder zu diktieren, was sie gerne sauber machen wollen und Bilder von den jeweiligen Dingen oder Tätigkeiten zu malen. Achten Sie darauf, dass die Illustrationen mit den passenden Begriffen beschriftet werden, damit eine Wort-Bild-Verbindung entsteht.

## Zusatzaktivitäten

- Sprechen Sie mit den Kindern über die Gefahr von Vergiftungen durch Putzmittel und erklären Sie ihnen das Symbol für giftige Substanzen.
- Sprechen Sie über Krankheitserreger und veranstalten Sie eine Jagd nach Krankheitserregern in Ihrer Klasse oder Gruppe. Lassen Sie die Kinder raten, wo sie vermutlich welche finden werden.

## Lieder, Gedichte und Fingerspiele

**Ich räume gern mein Zimmer auf**
Ich räume gern mein Zimmer auf,
bevor ich draußen spiele.
Die Schuhe kommen in den Schrank,
die Jacke in die Diele.
CDs sortier ich ins Gestell,
dann bin ich fertig,
das ging schnell.

**Aufräumzeit**
Eins, zwei, drei,
ich klatsche in die Hände.
Kommt alle her und räumt mit auf,
das Spiel ist jetzt zu Ende.

**Putzliste**

| Name | Aufgabe |
|---|---|
| Luisa | Regale abstauben |
| Carla | Geschirr spülen |
| Janina | Spiegel putzen |
| Buket | Hamsterkäfig sauber machen |
| Simon | Boden wischen |
| Felix | Müll rausbringen |

# Im Haus

## Einsatzmöglichkeiten

**Kritzel-Botschaften schreiben:**
Beim Schreiben von Kritzel-Botschaften lernen Kinder zu erkennen, dass Schreiben eine Form der Kommunikation ist. Kinder haben Spaß daran, Briefchen zu schreiben und Antworten von anderen zu bekommen. Ein eigens dafür eingerichteter Platz und besondere Schreibutensilien lassen bei den Kindern den Wunsch schreiben und lesen zu lernen reifen. Stellen Sie den Kindern daher unterschiedliche Schreibmaterialien zur Verfügung, um ihre Motivation und ihr Interesse zu wecken, z.B. Kreide, Filzschreiber, Buntstifte, Wachsmaler, Schreibpapier, Notizbücher, unterschiedliche Papiersorten sowie farbiges Papier. Schreibtafeln an der Wand ermöglichen es den Kindern, einander kurze Botschaften zu schreiben. Kritzelzeichen und -botschaften sind ein wichtiger Teil der schriftsprachlichen Entwicklung.

## Lernziele

**Die Kinder**
- erkennen und verstehen den Zweck von Schrift.
- üben, Botschaften auf Notiztafeln und in Erledigungslisten zu schreiben.

## Schlüsselwörter

Baby – Bruder – Cousine /Cousin – Familie – Heim – Mutter – Oma – Onkel – Opa – Pflegefamilie – Schwester – Stiefmutter – Stiefvater – Tante –Vater – Wohnung – Zu Hause

## Materialien

Anziehpuppen – Bleistifte – Bücher – Geschirr – Haftnotizzettel – Spielzeuglebensmittel – Spielzeuggeschirr – Puppen – Stifte – Werbeprospekte

## Requisiten

- **Pinnwand:** Verzieren Sie ein einfaches Blatt Papier mit einem Schmuckrand. Schreiben Sie *„Pinnwand"* oben auf die Seite.
- **Erledigungsliste:** Schreiben Sie *„zu erledigen!"* oben auf ein Blatt Karopapier oder einfaches weißes Papier. Zeichnen Sie Linien auf das Papier, damit es wie eine Liste aussieht.

## Aufbau

Richten Sie Ihre Rollenspielecke wie ein Haus ein. Stellen Sie den Kindern Anziehpuppen, Geschirr und Spielzeuglebensmittel und -geschirr zur Verfügung. Fügen Sie Alltagsbeispiele der Schrift hinzu, etwa Werbeprospekte, Pinnwände und Erledigungslisten, und ermuntern Sie die Kinder, im Spiel Einkaufs- und Erledigungslisten oder Notizen zu schreiben. Helfen Sie den Kindern auf Anfrage beim Schreiben.

## Impulsfragen

- Was machst du heute?
- Was gibt es heute zu erledigen?
- Wer möchtest du gerne sein?
- Was kochen wir heute?

## Minibücher

**Unsere Familien (Gruppenbuch):** Bitten Sie die Kinder, ihre Familien zu malen und die Bilder mit Bildunterschriften zu versehen. Ermuntern Sie sie, gegebenenfalls auch Kritzelzeichen zu verwenden. Sammeln Sie die Blätter ein und heften Sie sie zu einem Buch zusammen.

**Das ist unser Haus (Einzelbuch)**: Sprechen Sie über die unterschiedlichen Sachen, die Kinder bei sich zu Hause machen. Geben Sie jedem Kind einige Bögen Bastel- oder Malpapier. Lassen Sie die Kinder auf einem Blatt ihr Haus von außen malen und beschriften und auf den restlichen Blättern die einzelnen Räume zeichnen. So könnte jedes Kind auf diese Weise die unterschiedlichen Räume und Ebenen in seinem Haus darstellen. Heften Sie die Blätter zu einem Buch zusammen. Ein rotes Dreieck aus Bastelpapier kann als Hausdach die Oberkante des Deckblattes zieren. Ermuntern Sie die Kinder, ihr Buch zu beschriften und dabei gegebenenfalls auch Kritzelzeichen zu verwenden.

## Zusatzaktivitäten

- Bitten Sie die Kinder, ein Familienbild mitzubringen. Die Kinder können sich über die einzelnen Bilder austauschen und von den Mitgliedern ihrer Familie erzählen.
- Lassen Sie die Kinder kleine Botschaften an Familienmitglieder schreiben und verschicken Sie diese mit der Post.
- Erzählen Sie den Kindern von unterschiedlichen Familienkonstellationen, z.B. Stief- und Pflegefamilien, Patchworkfamilien, und regen Sie ein Gespräch über die unterschiedlichen Familienkonstellationen an.

## Lieder, Gedichte und Fingerspiele

**Fingerspiel**
Das ist die Mama,
lieb und gut,
das ist der Papa
mit frohem Mut,
das ist der Bruder,
schlank und groß,
das ist die Schwester mit dem Püppchen auf dem Schoß,
das ist das Kindlein,
das Kindlein so klein,
das soll die ganze Familie sein.

**Opas und Omas Brille**
Das ist Opas Brille, (mit den Fingern eine Brille vor den Augen formen)
das ist Opas Hut, (mit der flachen Hand auf den Kopf klopfen)
so faltet er die Hände, (die Hände falten)
wenn er sich ausruht. (Augen schließen und schnarchen)

## Literatur

*Curtis, Jamie Lee:*
**Erzähl noch mal, wie wir eine Familie wurden.**
Edition Riesenrad, 2000
ISBN 3-933697-95-6

*Leberer, Sigrid; Toll, Claudia:*
**Zeig mir was! Unsere Familie.**
Ravensburger Buchverlag, 2001
ISBN 3-473-30957-5

*Stohner, Anu;*
*Scharff-Kniemeyer, Marlis:*
**Meine Familie und ich.**
Ravensburger Buchverlag, 2003
ISBN 3-473-30998-2

# Waschtag

## Einsatzmöglichkeiten

**Schrift vermittelt Bedeutung – Wörter in unserem Lebensumfeld:** Es fördert die schriftsprachliche Entwicklung der Kinder, wenn sie auf Schrift in ihrem Lebensumfeld aufmerksam gemacht werden. Je mehr sich Kinder der Tatsache bewusst werden, dass sie im Alltag überall von Schrift umgeben sind, umso mehr verstehen sie, dass Lesen und Schreiben zur Informationsbeschaffung und -vermittlung, zur Entwicklung von Ideen und zur Erweiterung ihrer Kenntnisse genutzt werden kann. Wenn ein Kind z.B. ein Wort oder ein Etikett auf einem T-Shirt entdeckt (wie bei den Requisiten für den „*Waschtag*" in dieser Übung), will es anderen dieses Wort zeigen. Das Kind entdeckt nicht nur das Wort, sondern bringt seine Altersgenossen durch seine Begeisterung dazu, Schrift genauer zu betrachten. Wenn Kinder ganze Wörter erkennen und diese lesen können, machen sie einen großen Schritt in Richtung Lesen.

## Lernziele

**Die Kinder**

- nehmen Wörter in ihrer Umgebung wahr.
- erkennen Wörter, die mit demselben Anlaut beginnen.
- stellen selbst Bücher her.

## Schlüsselwörter

aufhängen – ausspülen – bügeln – einweichen – nass – sauber – schmutzig – schmutzige Wäsche – schrubben – Seife – trocken – Trockner – Waschmittel – Wäscheklammern – Wäscheleine – Waschmaschine – Weichspüler

## Materialien

alte Babykleider – alte T-Shirts – Bügelbretter in Kindergröße – Spielzeug-Bügeleisen – kleine Wäschekörbe – Körbe – leeres Waschmittelpaket – Wäscheklammern – Wäscheleine – Waschmaschine und Trockner aus alten Kartons gebastelt

## Requisiten

- **Waschanleitungen:** Stellen Sie eine Anleitung zusammen, in der das Wäschewaschen schrittweise beschrieben wird. Fügen Sie als Schritte auch das Sortieren nach Farben, die Waschtemperatur (heiß, warm oder kalt – 95°/60°/30°) und die Waschpulvermenge hinzu.

## Aufbau

Stellen Sie Kinderwaschmaschine und -trockner (bei Bedarf aus großen Pappkartons gefertigt) in Ihrer Rollenspielecke auf. Bauen Sie Bügelbretter und eine Wäscheleine auf. Verteilen Sie die anderen Requisiten. Auf den Wäschestücken, die Sie als „Schmutzwäsche" einsetzen wollen, sollten Wörter aufgedruckt sein. Stellen Sie Wäschekörbe in unterschiedlichen Farben zum Sortieren hin und befestigen Sie Aufschriften wie *„Buntwäsche"* und *„Weißwäsche"* daran. Schneiden Sie von einigen Waschmittelbehältern die Waschanleitungen aus. Lassen Sie die Kinder die Wörter heiß, warm und kalt (95°/60°/30°?) in den Waschanleitungen suchen. Geben Sie ihnen Papier, auf das sie die Wörter schreiben können. Die Blätter werden an den Waschmaschinen befestigt.

## Impulsfragen

- Wie kriegt man Sachen sauber?
- Wie kriegt eine Waschmaschine Sachen sauber?
- Warum müssen wir unsere Kleidung waschen?
- Welche Wörter seht ihr auf diesem T-Shirt?
- Wie viele Wörter könnt ihr auf diesem Karton (Etikett, Hemd usw.) sehen?

## Minibücher

**Waschtag (Gruppenbuch):** Bitten Sie die Kinder Etiketten und Waschanleitungen von Waschmittelpackungen mitzubringen. Erstellen Sie zusammen mit den Kindern ein Buch. Helfen Sie ihnen, ihre Etiketten und Waschanleitungen auf das Deckblatt des Buches zu kleben. Dann geben Sie jedem Kind ein Blatt Papier, das Sie zu einem Hemdumriss zurechtgeschnitten haben. Lassen Sie die Kinder aufschreiben und -malen, was sie auf eine Wäscheleine hängen würden. Heften Sie die Blätter an den „Schulternähten" zusammen und schieben Sie kleine

Wäscheklammern über die Heftklammern (gibt es als kleine Holzwäscheklammern für Geschenke-Anhänger in Bastelläden zu kaufen). Fädeln Sie ein Stück Schnur durch die Wäscheklammern, damit es wie ein Hemd auf einer Wäscheleine aussieht.

## Zusatzaktivitäten

- Führen Sie mit den Kindern ein kleines Rollenspiel zum Thema *„Waschtag"* auf. Die Kinder schlüpfen in unterschiedliche Rollen (es kann auch die Rolle der Waschmaschine oder der Wäscheleine besetzt werden) und führen ihr Stück vor einer anderen Lerngruppe oder vor den Eltern auf.

## Lieder, Gedichte und Fingerspiele

**Zehn rote Socken**

Zehn rote Socken, die hingen in der Scheune.
Eine ist im Heu verschwunden, da waren's nur noch neune.

Neun rote Socken, die schaukelten ganz sachte.
Eine ist ins Gras gefallen, da waren's nur noch achte.

Acht rote Socken, die hatten Angst vor Dieben.
Eine ist gestohlen worden, da waren's nur noch sieben.

Sieben rote Socken hatten alle einen Klecks.
Eine ist gewaschen worden, da waren's nur noch sechs.

Sechs rote Socken wünschten, sie wären lange Strümpf'.
Eine ist dann eingelaufen, da waren's nur noch fünf.

Fünf rote Socken entdeckte einst ein Stier.
Eine hat er aufgespießt, da waren's nur noch vier.

Vier rote Socken, die hingen in der Reih'.
Eine wurde abgenommen, da waren's nur noch drei.

Drei rote Socken, die fielen in den Brei.
Eine wurde rausgefischt, da waren's nur noch zwei.

Zwei rote Socken, die hingen auf der Leine.
Eine hielt die Klammer nicht, da war es nur noch eine.

Eine rote Socke, die hing dort ganz alleine.
Ich sollte sie herunterhol'n, es ist wahrscheinlich meine.

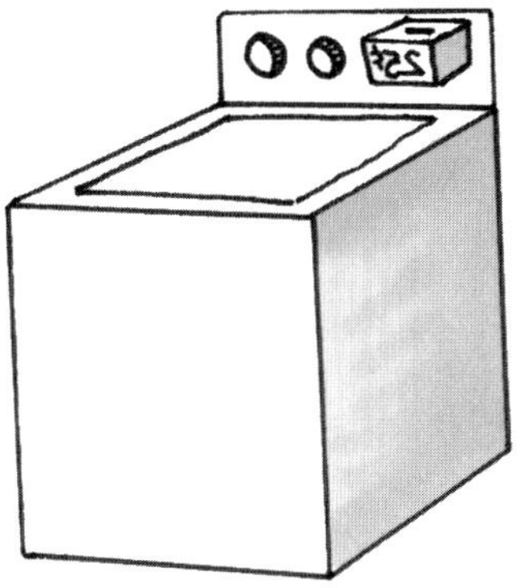


## Literatur

*Iwamura, Kazuo:*
**Vierzehn Mäuse machen große Wäsche.**
Findling Buchverlag, 2001
ISBN 3-935541-28-7

3

# In der Natur

Beim Angeln

Am Strand

Beim Zelten

# Beim Angeln

## Einsatzmöglichkeiten

**Einzelne Buchstaben unterscheiden:**
Wenn Kinder Buchstaben einzeln erlernen, lernen sie zwar die Buchstaben kennen, aber nicht, wie man sie zu Wörtern zusammensetzen kann. Das Schreiben und Erkennen von einzelnen Buchstaben sollte möglichst schnell in das Schreiben ganzer Wörter und Sätze übergehen. Um den Kindern Begegnungen mit Buchstaben zu ermöglichen, können Sie Magnetbuchstaben, Buchstaben aus Sandpapier, Buchstabenplätzchenformen, Buchstabenschablonen, -karten und -stempel sowie laminierte ABC-Tafeln zur Verfügung stellen. Bei dem folgenden Rollenspiel angeln die Kinder Buchstaben und üben dabei, sie zu unterscheiden. Es ist für die schriftsprachliche Entwicklung der Kinder wichtig, sie zum Spielen und Experimentieren mit Buchstaben zu ermuntern und sie Wörter aus Buchstaben legen zu lassen, sobald es ihrem Entwicklungsstand entspricht.

## Lernziele

**Die Kinder**
- erkennen und benennen einige Buchstaben auf Papierfischen.
- entwickeln verschiedene Möglichkeiten, eine Geschichte zu schreiben.
- diktieren ihre Gedanken und Geschichten, damit sie verschriftlicht werden können.

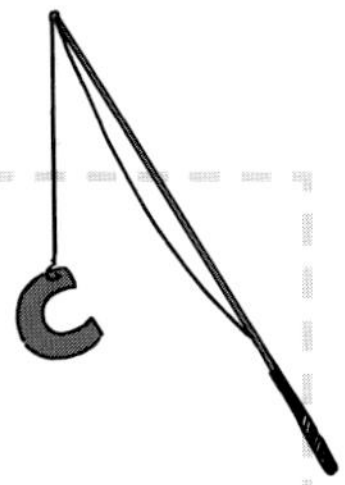

## Schlüsselwörter

Angelausrüstung – Angelrute – Angler – Anglerstiefel – Fische fangen – Fluss – Haken – Netz

## Materialien

Angelruten – blaue Plane (als Fluss) – Boot (Karton oder Wanne) – Eimer – Fische aus Papier oder Stoff – Hüte – Kiste mit Angelausrüstung – Magnete – Netze – Schnur – Stiefel – Westen – Würmer

## Requisiten

- **ABC-Fisch:** Basteln Sie Fischvorlagen aus buntem Fotokarton. Schreiben Sie Buchstaben und Wörter oder Namen der Kinder oder malen Sie Bilder darauf. Befestigen Sie an jedem Fischmaul eine Büroklammer oder eine Sicherheitsnadel. Wenn Sie die Fische laminieren, werden sie stabiler und halten länger.
- **Angelschein:** Schreiben Sie das Wort „*Angelschein*" auf Karteikarten. Lassen Sie Platz für den Namen des Kindes und die Angabe, bis wann der Schein gültig ist. Verzieren Sie ihn mit Fischen.

## Aufbau

Schneiden Sie für den Fluss ein langes, schmales Stück blaue Plane zu, etwa 90 cm breit. Legen Sie die Angelgerätschaften und anderen Requisiten aus. Basteln Sie Angelruten aus Holzstäben und Schnur, an deren Ende Sie jeweils einen Magnet befestigen. Dabei sind runde Magnete mit einem Loch in der Mitte einfacher zu handhaben. Ermuntern Sie die Kinder, nach Buchstaben zu angeln, die sie kennen, wie z.B. die Buchstaben in ihrem Namen. Ermuntern Sie die Kinder, ihren Namen selbst auf ihren Angelschein zu schreiben.

## Impulsfragen

- Welcher Fisch schmeckt wohl am besten, wenn wir ihn zubereiten?
- Meint ihr, in den Flüssen herrscht Gedränge, weil Fische darin herumschwimmen?

## Minibücher

**Fischgeschichten (Einzel- oder Gruppenbuch):** Schneiden Sie für jedes Kind eine Fischvorlage aus (siehe „Requisiten"). Ermuntern Sie die Kinder, den Fischen Namen zu geben und zu sagen, mit welchem Buchstaben der Name beginnt, z.B. *„Mein Fisch Arne beginnt mit einem A."* Dann erfinden die Kinder eine Geschichte über ihren Fisch, die auf der Rückseite der Vorlage notiert wird. Befestigen Sie die Seiten mit einem Ring aneinander und knoten Sie ein Stück Schnur daran. Nehmen Sie einen Holzstock als Angelrute und knoten Sie die Schnur daran. Wickeln Sie Klebeband darum, damit die Schnur nicht abrutscht.

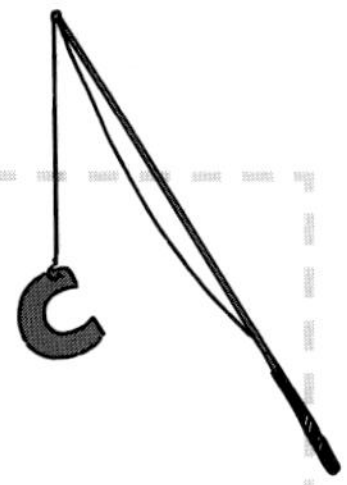


## Zusatzaktivitäten

- Fertigen Sie unterschiedlich lange Fische an und lassen Sie die Kinder mit einem Maßband oder Lineal nachmessen, wie lang sie sind.
- Sprechen Sie mit den Kindern über unterschiedliche Fischarten. Zeigen Sie den Kindern ein Plakat oder ein Buch mit Abbildungen verschiedener Fische. Die Kinder können selbst verschiedene Fische malen.
- Fertigen Sie unterschiedliche Papierfische an. Schreiben Sie z.B. verschiedene Wörter, Namen der Kinder oder Zahlen auf die Fische. Sie können auch ein Suchspiel basteln, bei dem die Kinder passende Fischpaare finden müssen, z.B. einen Fisch mit drei Punkten und einen Fisch mit der Zahl 3.

## Lieder, Gedichte und Fingerspiele

**Fischers Fritze**
Fischers Fritze fängt frische Fische,
frische Fische fängt Fischers Fritze.

**Das Fischlein**
*(zu der Melodie von „ABC, die Katze lief im Schnee")*

ABC, das Fischlein schwimmt im See.
Es biss an meiner Angel an,
ich hab's zurück in'n See getan.
O jemine, o jemine, das Fischlein schwimmt im See.

## Literatur

*Kersten, Detlef:*
**Was Kinder wissen wollen. Können Fische rülpsen? Band 15: verblüffende Antworten über das Meer.**
Oz Verlag, 2005
ISBN 3-89858-282-5

*Lionni, Leo:*
**Fisch ist Fisch.**
Minimax
Beltz, 2005
ISBN 3-407-76024-8

Schulz, Hermann; Oeser, Wiebke:
**Sein erster Fisch.**
Peter Hammer Verlag, 2000
ISBN 3-87294-852-0

# Am Strand

## Einsatzmöglichkeiten

**Geschichten wiedergeben:**
Beim Rollenspiel schlüpfen die Kinder in unterschiedliche Rollen und üben so ihre sprachlichen und erzählerischen Fähigkeiten. Beim gemeinsamen Spiel begegnen sie neuen Wörtern und erweitern so ihren Wortschatz. Die Kinder entwerfen Erzählungen und „Drehbücher", die zu der Rolle passen, die sie am Strand übernehmen. Sie wenden erzählerische und sprachliche Fertigkeiten an, die für das Leseverständnis sehr wichtig sind.

## Lernziele

**Die Kinder**
- reagieren mit angemessenen Kommentaren oder Fragen zum Thema.
- erkennen und benennen typische Geräusche von Küste und Meer.
- schreiben mit buchstabenähnlichen Zeichen, wenn sie Schilder anfertigen.

## Schlüsselwörter

Badeanzug – Koralle – Flossen – Taucherbrille – Meer – Sauerstofftank – Regler – Sand –Sonnencreme – Strand – Taucher – Taucherbrillen – Muscheln – Schnorchel

## Materialien

Bücher zum Thema Strand, Urlaub und Meer – große blaue Plane (Meer) – Hörkassette oder CD mit Meeresgeräuschen – Hüte – leere Sonnenmilchtuben und -flaschen – Meerestiere aus Plastik – Muscheln – Papier und Stifte für Schilder – Sandspielzeug (Eimer,

Schippen, Förmchen) – Sauerstofftanks aus 2-Liter-Wasserflaschen – Schwimmflossen – Sonnenblenden – Sonnenbrillen – Sonnenschirm – Strandbälle – Strandlaken – Taucherbrillen

## Aufbau

Schneiden Sie für das Meer ein großes, ovales Stück Plane zu. Basteln Sie Sauerstofftanks für Taucher aus 2-Liter-Wasserflaschen. Befestigen Sie Gurte aus Textilklebeband daran. Breiten Sie das „Meer“ auf dem Boden aus und verteilen Sie die Requisiten. Legen Sie die Muscheln und Plastiktiere auf die Plane, nach denen die Kinder „tauchen“ sollen. Spielen Sie ein Band mit Geräuschen von Meeresbrandung und Möwenschreien ab, das für die passende Strandatmosphäre sorgt. Ermuntern Sie die Kinder, Schilder mit Aufschriften wie *„Achtung!“*, *„Baden verboten!“* und *„Flut“* zu schreiben. Lesen Sie den Kindern eine Geschichte zum Thema Meer vor und lassen Sie die Kinder diese später nacherzählen.

## Impulsfragen

- Welche Fischarten kennt ihr?
- Welche davon leben im Meer, welche im Fluss?
- Wie viele unterschiedliche Fische leben im Meer?
- Worin unterscheiden sich Säugetiere von Fischen?

## Minibücher

- **Am Strand (Einzelbuch):** Schreiben Sie jede Zeile des folgenden Gedichtes auf ein separates Blatt Papier:

*Kommt, wir wollen Muscheln suchen*
*oder Burgen bau'n aus Sand*
*oder uns den Ball zuwerfen*
*oder schlendern, Hand in Hand.*
*Sonne lässt den Sand hell schimmern,*
*gibt den Nasen Sonnenbrand.*
*Schrill ertönen Möwenschreie,*
*Wellen klatschen an den Strand.*

Fertigen Sie so viele Kopien an, dass jedes Kind von allen Blättern eine Kopie hat. Ermuntern Sie die Kinder, die Seiten folgendermaßen zu illustrieren:
**Muscheln suchen:** Kleben Sie Muschelstückchen auf die Seite.
**Burgen bauen:** Eine Sandburg malen.
**Ball zuwerfen:** Aus Bastelpapier einen Ball ausschneiden und auf die Seite kleben.
**Schlendern:** Bilder von Freunden malen.
**Schimmernder Sand:** Weißen Sand (Vogelsand) auf das Blatt kleben.
**Sonnenbrand:** Rote Nase malen.

**Möwenschreie:** Weiße Federn auf die Seite kleben.
**Wellen klatschen:** Mit Wasserfarben verschiedene Blautöne mischen.

Nehmen Sie sich jeden Tag eine andere Seite vor, damit die Kinder nicht überfordert sind. Wenn die Kinder die Bücher fertig haben, bitten Sie sie zu schildern, was auf den einzelnen Seiten geschieht. Sie können ihre Schilderungen auf der Rückseite der vorhergehenden Seite notieren, falls nötig mit Unterstützung. Lesen Sie das Gedicht jeden Tag vor, damit die Kinder lernen, es zu lesen oder auswendig aufzusagen.

## Zusatzaktivitäten

- Legen Sie verschiedene Muscheln und Korallenstückchen auf einem Tisch aus, so dass die Kinder sie durch eine Lupe betrachten können.
- Schneiden Sie aus Bastelpapier Sandeimer und Schaufeln aus. Kleben Sie Bilder von Meerestieren auf die Schaufeln und Rätselfragen auf die Eimer. Lassen Sie die Kinder nach Paaren suchen.

## Lieder, Gedichte und Fingerspiele

**Meeresbewohner**
Kleine Fische, große Fische
und ab und zu 'ne Qualle
sind im Wasser unterwegs,
denn schwimmen könn' sie alle.

**Eine Sandburg**
Eine Burg aus Nordseesand,
steht am weiten Nordseestrand.
Viele Hände patschen und matschen,
graben und schaben,
klopfen und stopfen,
bis so eine Burg entsteht,
wie ihr sie hier stehen seht.

## Literatur

*Ebert, Anne:*
**Am Strand.**
**Lesemaus, Band 15.**
Carlsen Verlag, 2005
ISBN 3-551-07015-6

*Hänel, Wolfram; Döring, Anna:*
**Conni am Strand.**
**Lesemaus, Band 14.**
Carlsen Verlag, 2004
ISBN 3-551-08814-4

*Fischer-Nagel, Heiderose:*
**Tiere am Strand.**
Findling Buchverlag, 2005
ISBN 3-937054-87-1

# Beim Zelten

## Einsatzmöglichkeiten

**Geschichten strukturieren:**
Kinder müssen lernen, Ereignisse in einer sinnvollen Reihenfolge wiederzugeben, und sollten in der Lage sein, den Anfang, die Mitte und das Ende einer Geschichte zu erkennen. Auf diese Weise verbessert sich ihr Leseverständnis. Bei dem folgenden Rollenspiel tun die Kinder so, als würden sie während eines Zelturlaubs eine Wanderung unternehmen. Dabei müssen sie einer Wanderkarte von Anfang bis Ende folgen und die Reihenfolge der Anweisungen einhalten.

## Lernziele

**Die Kinder**
- erkennen und benennen Geräusche aus ihrer Umgebung.
- führen eine Reihe von Anweisungen aus.
- tun so, als würden sie lesen, wenn sie beim Kartenlesen bebilderten Hinweisen folgen.
- zeigen, dass sie Symbole verstehen, wenn sie einen Gegenstand stellvertretend für einen anderen verwenden.

## Schlüsselwörter

Fernglas – Kompass – Lagerfeuer – Natur – Spuren – Umgebung – Wanderkarte – Wanderung – Weg – Zelt

## Materialien

Ausrüstung aus Haushaltsgegenständen und „Müll" – alte Fotoapparate – Bleistifte – Fernglas – Lagerfeuer – Hörkassette oder CD mit Waldgeräuschen – Hüte – kleine Schlafsäcke – kleines Zelt – Klemmbretter – Kochgeschirr – Kompass – Rucksäcke – Taschenlampen – Wanderkarten – Zeitschriften zum Thema Zelten

## Requisiten

- **Wanderkarte und Tiere (siehe Seiten 175–177 im Anhang):** Machen Sie ein paar Kopien von der Wanderkarte. Wenn möglich, vergrößern Sie die entsprechenden Bilder.
- **Checkliste:** Stellen Sie eine Checkliste mit Sachen wie Fernglas, Rucksack, Hemd, Hose, Socken, Schuhe, Hut, Kochgeschirr, Karte, Schlafsack, Taschenlampe, Zelt, Angelrute usw. zusammen. Malen Sie neben jedes Wort das entsprechende Bild.

## Aufbau

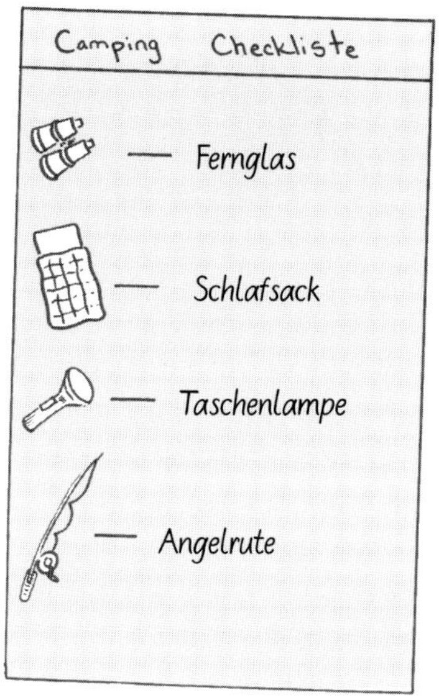


Sie können Schlafsäcke anfertigen, indem Sie zwei Jutestücke zusammennähen. Für das Lagerfeuer nageln Sie ein paar Holzstücke zu einem Dreieck zusammen. (Achten Sie darauf, dass es keine Splitter gibt, an denen die Kinder sich verletzen könnten.) Knüllen Sie große Stücke gelbes und orangefarbenes Papier zusammen und legen Sie sie als Flammen auf den Holzrahmen. Spielen Sie eine Kassette oder CD mit Waldgeräuschen. Legen Sie alle Requisiten fürs Zelten auf eine große freie Fläche, z.B. in die Bauecke. Es macht auch Spaß, die Requisiten mit nach draußen auf den Spielplatz zu nehmen. Ermuntern Sie die Kinder, die Wanderkarten (Siehe „Requisiten") für ihre Wanderung zu benutzen. Befestigen Sie die Bilder, die auch auf den Wanderkarten zu sehen sind, an Wänden, Regalen usw. Die Kinder müssen sie bei ihrer Wanderung als Wegmarkierungen suchen. Die Kinder könnten auch selbst Wanderkarten anfertigen.

## Impulsfragen

- Wonach werdet ihr auf eurer Wanderung suchen?
- Warum brauchen Tiere Orte, wo sie sich verstecken können?
- Wie, meint ihr, fühlen sich die Tiere in ihren Verstecken?
- Wie viele unterschiedliche Geräusche hört ihr?

## Minibücher

**Wir zelten (Gruppenbuch):** Sprechen Sie mit den Kindern über die unterschiedlichen Sachen, die man zum Zelten braucht, und ihren Verwendungszweck. Ermuntern Sie die Kinder, sich Wandergeschichten auszudenken und sie den anderen zu erzählen und dabei auf die Reihenfolge der Ereignisse zu achten. Helfen Sie dem Kind, seine Geschichte aufzuschreiben. Entwerfen Sie ein Deckblatt für das Buch und heften Sie die Seiten zusammen. Alternativ könnten Sie ein Wanderbuch anfertigen, in dem Sie von Anfang bis Ende beschreiben, wohin Sie fahren möchten.

## Zusatzaktivitäten

- Lassen Sie die Kinder selbst Wanderkarten anfertigen. Zur Inspiration zeigen Sie den Kindern eine echte Wanderkarte und besprechen mit ihnen die Symbole, die darauf zu finden sind (Legende). Helfen Sie den Kindern herauszufinden, was die Symbole auf den Karten bedeuten.
- Helfen Sie den Kindern, aus zwei Pappröhren (Toilettenpapier) ein Fernglas zu basteln. Kleben Sie die beiden Röhren mit Pappstreifen aneinander und lassen Sie die Fernrohre von den Kindern bemalen.

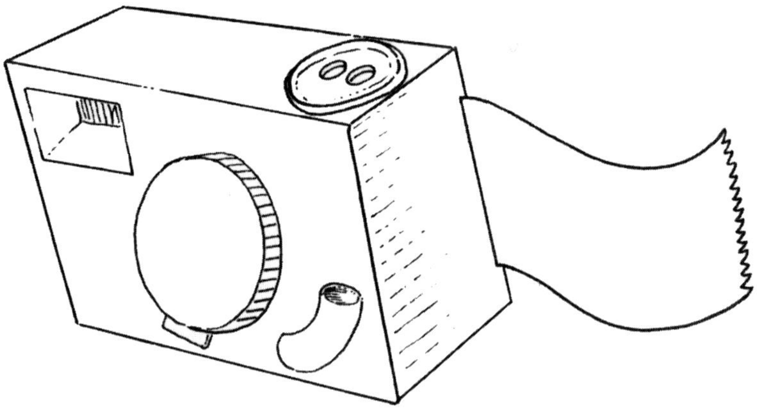

- Bitten Sie die Kinder, eine kleine Pappschachtel von zu Hause mitzubringen. Bekleben Sie sie mit weißem Papier und lassen Sie die Kinder Knöpfe als Regler daraufkleben. Als Linse nehmen Sie den Deckel einer Flasche. Sie können auch aus schmalen Papierstreifen einen Film aufrollen und ihn in die Schachtel stecken. Beim „Fotografieren" wickeln die Kinder ein Stück von der Rolle ab, schneiden es ab und malen das Bild auf, das sie gerade gemacht haben.

## Lieder, Gedichte und Fingerspiele

**Wenn ich auf Wanderschaft geh**

Wenn ich auf Wanderschaft geh,
tut mir der Zeh so weh.
Und der Zeh tut mir weh,
wenn ich auf Wanderschaft geh.

Wenn ich auf Wanderschaft geh,
tut mir die Hacke weh.
Und die Hacke macht Attacke,
und der Zeh tut mir weh,
wenn ich auf Wanderschaft geh.

Wenn ich auf Wanderschaft geh,
tut mir die Wade weh.
Und die Wade macht Parade,
und die Hacke macht Attacke,
und der Zeh tut mir weh,
wenn ich auf Wanderschaft geh.

Wenn ich auf Wanderschaft geh,
tut mir das Knie so weh.
Und das Knie, hollahi,
und die Wade macht Parade,
und die Hacke macht Attacke,
und der Zeh tut mir weh,
wenn ich auf Wanderschaft geh.

Wenn ich auf Wanderschaft geh,
tut mir der Po so weh.
Und der Po, hollaho,
und das Knie, hollahi,
und die Wade macht Parade,
und die Hacke macht Attacke,
und der Zeh tut mir weh,
wenn ich auf Wanderschaft geh.

Wenn ich auf Wanderschaft geh,
tut mir das Herz so weh.
Und das Herz voller Schmerz,
und der Po, hollaho,
und das Knie, hollahi,
und die Wade macht Parade,
und die Hacke macht Attacke,
und der Zeh tut mir weh,
wenn ich auf Wanderschaft geh.

Wenn ich auf Wanderschaft geh,
tut mir der Hals so weh.
Und der Hals voller Schmalz,
und das Herz voller Schmerz,
und der Po, hollaho,
und das Knie, hollahi,
und die Wade macht Parade,
und die Hacke macht Attacke,
und der Zeh tut mir weh,
wenn ich auf Wanderschaft geh.

Wenn ich auf Wanderschaft geh,
tun mir die Haare weh.
Und die Haare voll Pomade,
und der Hals voller Schmalz,
und das Herz voller Schmerz,
und der Po, hollaho,
und das Knie, hollahi,

und die Wade macht Parade,
und die Hacke macht Attacke,
und der Zeh tut mir weh,
wenn ich auf Wanderschaft geh.

*(Jeweils den genannten Körperteil mit schmerzverzerrtem Blick berühren.)*

**Wir zelten**
*(Zu der Melodie von „Ein Schneider fing 'ne Maus")*

Wir schlafen heut im Zelt,
wir schlafen heut im Zelt,
das ist das Schönste auf der Welt,
ja, ja, auf der Welt.
Wir schlafen heut im Zelt.

## Literatur

*Schneider, Liane:*
**Conni geht zelten.**
**Lesemaus, Band 84.**
Carlsen Verlag, 2002
ISBN 3-551-08884-5

*Cousins, Lucy:*
**Mausi geht zelten.**
Sauerländer Verlag, 2005
ISBN 3-7941-5059-7

4

# Naturwissenschaft

Gärtner

Im Weltall

Chemiker

# Gärtner

## Einsatzmöglichkeiten

**Wörter bestehen aus Buchstaben:**

Kinder sollten Gelegenheit erhalten, eigenständig zu schreiben. In Tagebüchern können sie ihre Gedanken und Ideen festhalten. Tagebücher helfen Kindern, sich das regelmäßige Schreiben anzugewöhnen. Sie können ihre Gedanken einem Erwachsenen diktieren. (Dabei ist es sehr wichtig, tatsächlich das aufzuschreiben, was das Kind sagt.) An diesem Punkt ergibt sich eine gute Gelegenheit darauf hinzuweisen, dass Wörter aus einzelnen Buchstaben bestehen. Helfen Sie den Kindern den Unterschied von Wörtern und Buchstaben in Sätzen zu begreifen. Wenn Kinder das verstanden haben, erfassen sie eines der Konzepte des Lesens. Ermuntern Sie die Kinder, ihre Tagebücher zu bebildern und die Bilder mit Bildunterschriften zu versehen. Führen Sie selbst Tagebuch und machen Sie täglich Einträge, um zu zeigen, wie wichtig das Schreiben ist und wie viel Spaß es machen kann. Beachten Sie aber, dass das Schreiben der Tagebücher für die Kinder keine Pflicht, sondern eine freiwillige Tätigkeit darstellen sollte.

## Lernziele

**Die Kinder**

- verstehen die Verbindung zwischen gesprochener Sprache und dem Lesen, wenn sie Etiketten entziffern.
- erkennen und benennen einige Buchstaben.
- lernen gezielt Fragen zu stellen.

## Schlüsselwörter

Blume – Blüte – Erde – Gewächshaus – hacken – harken – Hohlspatel – Keim – keimen – Photosynthese – Samen – Schaufel – Stängel – wachsen – Wurzeln

## Materialien

Bänder – Blumen – Blumenerde – Blumenkatalog – Blumentöpfe – Eisstäbchen mit Aufschriften – Gartengeräte – Geld – Gießkannen – Markierstifte – Maßtabelle – Messstäbchen – Plastikhosen – Preise – Registrierkasse – Samen – Samentütchen – Schürzen Styroporstücke – Tagebücher – Vasen

## Requisiten

- **Wachstumstabelle:** Nehmen Sie ein Blatt Papier im Querformat und schreiben Sie *„Wachstumstabelle"* an den oberen Rand. Darunter schreiben Sie *„Name ..."* und *„Art der Pflanze ..."*. Unterteilen Sie das Blatt in fünf Spalten, eine für jeden Wochentag. Die Kinder können ihre Pflanzen jeden Tag nachmessen und das Ergebnis in die Tabelle eintragen.

## Aufbau

Pflanzen Sie entweder echte Samen und Blumen oder verwenden Sie Seidenblumen. Legen Sie die Gartenwerkzeuge, Blumentöpfe, Prospekte usw. aus. Ermuntern Sie die Kinder, sich die Samenkataloge, Zeitschriften und Tüten anzusehen. Wenn Sie sich für echte Samen entscheiden, sollten Sie das Einpflanzen am besten am Sand- und Wassertisch erledigen, damit sich die Unordnung in Grenzen hält. Geben Sie den Kindern Eisstiele und Markierstifte, um aufzuschreiben, um welche Pflanzen es sich handelt. Ermuntern Sie die Kinder, die Pflanzen mit Preisen zu versehen. Lassen Sie die Kinder raten, wie groß ihre Pflanzen in einem bestimmten Zeitraum wachsen werden. Halten Sie ihre Antworten und Informationen zu den Pflanzen in einer Maßtabelle fest. Die Kinder schreiben und malen in Tagebücher oder auf Wachstumstabellen auf, was sie im Laufe der Zeit an den Pflanzen beobachten.

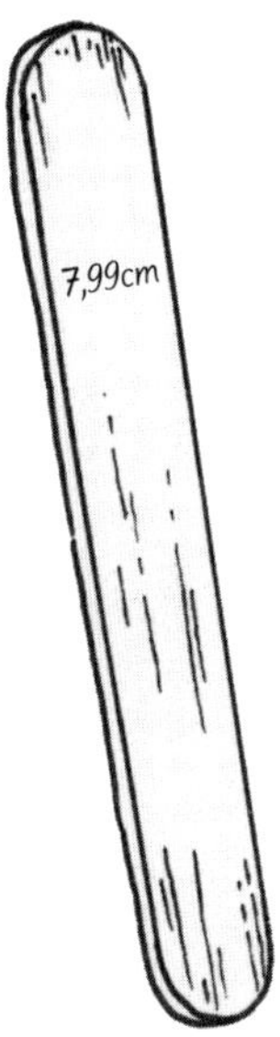

## Impulsfragen

- Wo sollte man einen Samen am besten einpflanzen?
- Welche Samen solltet ihr einpflanzen?
- Wie groß sollte der Abstand zwischen den Samen sein?
- Wie viel Wasser braucht ihr?
- Wann ist die beste Zeit, um Samen einzupflanzen?
- Was, meint ihr, kommt bei euren Samen heraus?
- Wie könnt ihr das herausfinden?

## Minibücher

**Samen! Samen! (Einzelbuch):** Schreiben Sie das folgende Gedicht auf Plakatkarton. Beim Vorlesen verweisen Sie auf die einzelnen Wörter.

*Grab ein **Loch**, nicht zu klein.*
*Stecke viele **Samen** rein.*
*Bald schon gucken **Keime** raus.*
*Zupfe auch das **Unkraut** aus.*
*Scheint die **Sonne** warm und hell,*
*wachsen alle **Keime** schnell.*
*Aus Knospen werden **Blüten** sprießen.*
*Vergiss nicht, alles gut zu **gießen**.*

Schreiben Sie jede Zeile auf ein separates Blatt Papier und kopieren Sie für jedes Kind alle Blätter. Während Sie den Kindern das Gedicht vorsprechen, betonen Sie die fett gedruckten Wörter und fertigen Wortkarten an, auf denen diese Wörter und die passenden Bilder zu sehen sind. Helfen Sie den Kindern, die einzelnen Buchstaben zu entziffern, aus denen die Wörter zusammengesetzt sind. Ermuntern Sie die Kinder, die Bücher zu illustrieren. Dabei sollten sie sich auf eine Seite pro Tag beschränken, damit keine Überforderung eintritt. Hier finden Sie einige Ideen:

***Loch:*** *Blumenerde aufkleben.*
***Samen:*** *Mit Bastelkleber echte Blumensamen aufkleben.*
***Keime:*** *Kleine Stücke aus grünem Papier ausschneiden und auf die Seite kleben.*
***Unkraut:*** *Echtes Unkraut sammeln und auf die Seite kleben.*
***Sonne:*** *Eine Sonne malen.*
***Keime:*** *Blumen malen.*
***Blüten:*** *Kleine Stücke farbiges Seidenpapier zerknüllen und auf die Seite kleben.*
***Gießen:*** *Ohrenstäbchen und Wasserfarben verwenden.*

Während die Kinder malen, sollten Sie Ihre Wortkarten nicht auf dem Maltisch liegen lassen, weil die Kinder versuchen könnten, Ihre Bilder zu kopieren. Solche Vorlagen hemmen ihre Kreativität. Heften Sie am Schluss alle Seiten zusammen, so dass jedes Kind ein Buch erhält.

## Zusatzaktivitäten

- Im Stuhlkreis erklären Sie den Kindern die Namen und Funktionen verschiedener Gartengeräte. Pflanzen Sie einen Samen in einen durchsichtigen Plastikbecher, damit die Kinder die Wurzeln der wachsenden Pflanze sehen können. Befestigen Sie den Plastikbecher an einem Fenster in Ihrer Klasse. Achten Sie darauf, dass sich der Becher auf Augenhöhe der Kinder befindet. Sprechen Sie darüber, wie der Samen keimt, und ermuntern Sie die Kinder, das Wachstum jeden Tag zu überprüfen. Halten Sie die Veränderungen auf Fotos oder gemalten Bildern fest.
- Lassen Sie jedes Kind einen Miniaturgarten in einem Eierkarton anlegen. Die Kinder messen die Pflanzen in unterschiedlichen Wachstumsphasen und halten die Ergebnisse in einer Tabelle fest. Überlegen Sie gemeinsam, warum manche Samen schneller wachsen als andere.

## Lieder, Gedichte und Fingerspiele

**Kürbisse und andere Pflanzen**
Ohne Wasser, Erde, Licht
wächst mein **Kürbissamen** nicht.

Heut pflanz ich einen in den Garten,
und dann muss ich etwas warten,

und den Kürbissamen gießen.
Bald schon wird ein Pflänzchen sprießen.

**Möhrensamen ...**
**Gurkensamen ...**
**Salatsamen ...**
**Paprikasamen ...**

**Kleine Samenkörnchen**
Ein Samenkörnchen, winzigklein,
fällt in die dunkle Erde.
Ohne Licht und Sonnenschein
liegt es in der Erde.

Dann fällt der Regen leicht und sacht,
regnet auf die Erde.
Der Samen ist nun aufgewacht,
regt sich in der Erde.

Ein Keimling drängt zum Licht hinaus,
guckt schon aus der Erde.
Wird wohl bald ein Bäumchen draus,
mit Wurzeln in der Erde.

## Literatur

*Couprie, Katy; Louchard, Antonin:*
**Mein Garten.**
Gerstenberg Verlag, 2004
ISBN 3-8067-5061-0

*Heliadore:*
**Klappe auf. Im Garten. Meyer. Die kleine Kinderbibliothek**
Brockhaus Verlag, 2002
ISBN 3-411-09881-3

*Stottele, Gisela; de Haen, Wolfgang:*
**Bei uns im Garten.**
Ravensburger Buchverlag, 2002
ISBN 3-473-31036-0

*Rettich, Margret:*
**Jan und Julia haben einen Garten.**
Oetinger, 1978
ISBN 3-7891-5706-6

# Im Weltall

## Einsatzmöglichkeiten

**Durch Sachtexte neue Wörter und ihre Bedeutung kennen lernen:** Stellen Sie in Ihrem Klassenzimmer eine Sammlung von Sachbüchern und -texten zusammen. Die Kinder können diese dazu nutzen, Informationen zu neuen Themen zu sammeln. Bücher mit großformatigen Fotos sind besonders gut zum Betrachten geeignet. Da die Begleittexte möglicherweise zu lang sind, um sie den Kindern vorzulesen, sollten Sie sie vorab lesen und die Informationen für die Kinder zusammenfassen. Wenn Kinder die Gelegenheit haben, Fakten und Informationen zu einem Thema, das sie interessiert, aus Sachbüchern zu beziehen, lernen sie, Bücher wertzuschätzen. Das folgende Thema „*Weltall*" steht stellvertretend für andere interessante Sachthemen.

## Lernziele

**Die Kinder**

- schreiben ihren Namen auf Astronauten-Namensschilder.
- stellen sachgerechte Fragen.
- reagieren mit angemessenen Kommentaren auf Texte.

## Schlüsselwörter

Erde – Mannschaft – Mars – Mond – Mondkrater – NASA – Planeten – Triebwerke – Raumfähre – Sauerstoff – Satelliten – Sonne – Sterne

## Materialien

Sachbücher und -texte – Spielzeug-Astronautenhelme – Bleistifte – große Kartons – Poster mit Mond- und Weltallmotiven – Schwämme für die „Moonboots" – Sternkart

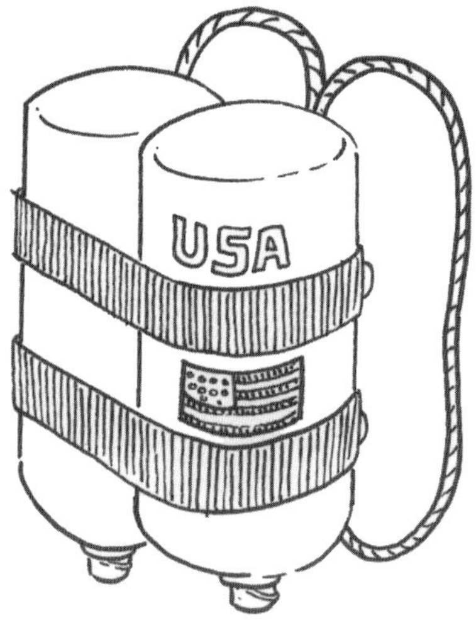

## Requisiten

- **Namensschilder für Astronauten:** Schneiden Sie Kreise mit einem Durchmesser von 10 cm aus Papier aus und schreiben Sie „*Astronaut*" in die Mitte jedes Kreises. Lassen Sie die Kinder ihren Namen auf die Namensschilder schreiben und sie mit Weltraummotiven verzieren.
- **Mannschaftsliste:** Schreiben Sie „*Meine Astronautenmannschaft*" oben auf ein liniertes Blatt. (Verwenden Sie Lineatur, die für Schreibanfänger benutzt wird.)

## Aufbau

Bevor die Kinder mit dem Rollenspiel beginnen, sollten Sie sich zunächst über die Tätigkeit eines Astronauten informieren. Mit Hilfe der Zusatzaktivitäten (siehe Seite 91/92) können Sie das Wissen der Kinder vertiefen. Sprechen Sie mit den Kindern darüber, was Astronauten machen und welche Aufgaben die einzelnen Mannschaftsmitglieder haben. Dann üben die Kinder, die Namen ihrer Mitspieler in eine Mannschaftsliste einzutragen.

Basteln Sie Sauerstofftanks aus zwei entsprechend bemalten 2-Liter-Limonadeflaschen, die Sie mit Textilklebeband aneinander befestigen. Eine feste Kordel oder Webbänder können als Schultergurte dienen.

Für die Astronautenhelme können Sie Ketschup- oder Majonnäse-Eimer verwenden (in Imbissbuden zu bekommen) oder sie aus Kartons basteln. Schneiden Sie ein ovales Sichtfenster aus der Eimerwand. Die Kinder verzieren den Helm mit Flaggenaufklebern und schreiben ihren Namen darauf.

Den Kindern wird es Spaß machen, in „Moonboots" über den Mond zu laufen. Dafür befestigen sie dicke Schwämme mit Gummibändern unter ihren Schuhsohlen.

Legen Sie alle Requisiten für das Rollenspiel auf einer großen freien Fläche aus. Für die Namensschilder der Astronauten brauchen die Kinder Filz- oder Farbstifte. Dekorieren Sie die Wände mit thematisch passenden Plakaten (z.B. vom Mond, von der Erde und vom Weltall).

Lassen Sie die Kinder aus einem großen länglichen Pappkarton eine Raumfähre bauen. Aus Styroporstücken, Draht, Pfeifenreinigern, Papptellern und Pappbechern können die Kinder Schalttafeln, die im Innern der Rakete angebracht werden, basteln. Auch große Styroporstücke eignen sich für den Bau einer Raumfähre.

## Impulsfragen

- Was könnt ihr mir über eure Raumfähre erzählen?
- Wohin fliegt ihr?
- Welche Planeten werdet ihr ansteuern?
- Was macht ein Astronaut?
- Wie lange werdet ihr im All sein?

## Minibücher

**Begegnung mit einem Alien (Einzel- oder Gruppenbuch):**
Machen Sie für jedes Kind ein Buch aus der Ufovorlage im Anhang (Seite 182). Legen Sie Sachbücher aus, die die Kinder betrachten können und aus denen Sie Anregungen für die Gestaltung des Buches beziehen können. Ermuntern Sie die Kinder dazu, sich eine Geschichte über einen Alien aus dem All auszudenken, der Informationen über den Weltraum sammelt. (Betonen Sie jedoch, dass es in Wirklichkeit keine Aliens gibt!) In ihren Geschichten verarbeiten die Kinder Informationen, die sie zuvor im Unterricht gelernt oder den Sachbüchern entnommen haben. Helfen Sie ihnen mit neuen Wörtern. Dann lassen Sie die Kinder ihre Texte illustrieren. Schneiden Sie Aliens nach der Vorlage aus und befestigen sie mit Schnur am Deckblatt der Bücher. Auf diese Weise kann der Alien durch das All schweben. Zum Schluss heften Sie alle Seiten zu einem Buch zusammen.

## Zusatzaktivitäten

- Besuchen Sie mit den Kindern die Stadtbücherei und schmökern Sie mit ihnen in Büchern über den Weltraum. Knüpfen Sie dabei an Fragen der Kinder an. Das Thema Weltraum ist für kleinere Kinder sehr spannend, aber auch sehr abstrakt. Wenn sie die Möglichkeit haben, sich in Sachbüchern über das Thema zu informieren, hilft dies, es begreifbar zu machen und Zusammenhänge zu verstehen.
- Lassen Sie die Kinder Raumfähren basteln. Dazu befestigen Sie Dreiecke aus Pappe als Flügel an einer Toilettenpapierrolle und bemalen sie mit weißer Farbe. Wenn die Farbe trocken ist, lässt sie sich mit Filzstiften bemalen. Hängen Sie ein Foto von einer Raumfähre auf,

damit die Kinder sich bei den Details daran orientieren können. Dann spannen Sie eine Schnur durch den Raum und fädeln die Raumfähren, die von den Kindern gebastelt wurden, auf. Die Kinder schubsen ihre Raumfähre an, um zu sehen, wie weit sie kommt. Sie können auch Wettrennen veranstalten und herausfinden, wessen Raumfähre am schnellsten ist.

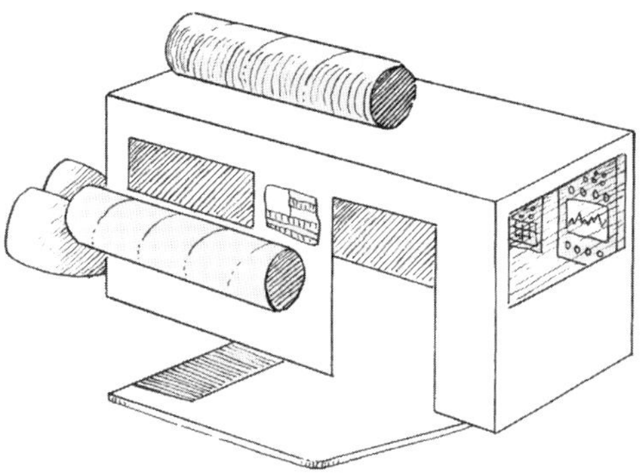

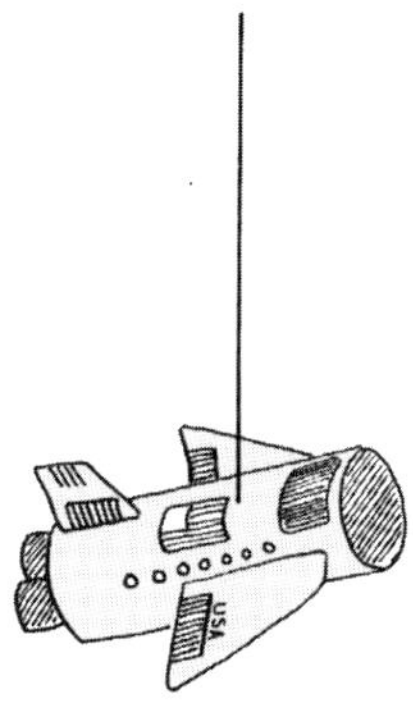

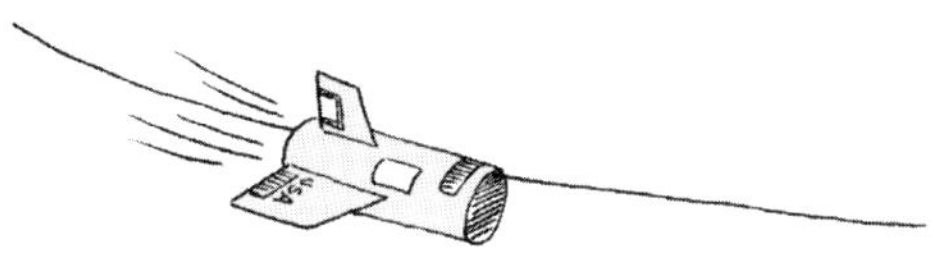

## Lieder, Gedichte und Fingerspiele

**Eine Reise ins Weltall**
Eins ist eins und zwei ist zwei,
wir fliegen ins All, bist du auch dabei?

Drei ist drei und vier ist vier,
die Tür ist zu und schon starten wir.

Fünf ist fünf und sechs ist sechs,
die ganze Welt nur noch ein Klecks.

Sieben ist sieben und acht ist acht,
die Schwerkraft hat hier keine Macht.

Neun ist neun und zehn ist zehn,
wir kehr'n zurück, es war sehr schön.

**Wer kommt mit?**
Vruumm, peng, knall,
wir starten jetzt ins All.
Willst du dabei sein,
steig in die Rakete ein.
Vruumm, peng, knall,
wir starten jetzt ins All.

## Literatur

*Verdet, Jean-Pierre; Grant, Donald:*
**Das Weltall.**
**Meyer. Die kleine**
**Kinderbibliothek, Band 57**
Brockhaus Verlag, 1998
ISBN 3-411-09791-4

*Delafosse, Claude:*
**Licht an. Am Himmel und**
**im Weltall.**
**Meyer. Die kleine**
**Kinderbibliothek, Band 8**
Brockhaus Verlag, 1999
SBN 3-411-09311-0

*De Brunhoff, Laurent:*
**Mit Babar auf einem fremden Planeten.**
Knesebeck von Dem, 2004
SBN 3-89660-242-X

# Chemiker

## Einsatzmöglichkeiten

**Informationen austauschen:**
Kinder sollten jeden Tag einen regen Austausch mit anderen Kindern und Erwachsenen pflegen. Durch W-Fragen *„Warum?"*, *„Wie?"* und *„Was wäre, wenn ..."* können Sie bei den Kindern Gespräche anregen. Wenn die Kinder auf Nachfrage Ideen formulieren, verbessern sie ihre sprachlichen Fähigkeiten und ihre Problemlösekompetenz. In der Rolle des Chemikers lernen die Kinder bei der folgenden Übung, sich mit ihren Mitspielern über ihre Forschungsergebnisse zu unterhalten.

## Lernziele

**Die Kinder**
- üben, ihre Beobachtungen schriftlich festzuhalten.
- lesen Tabellen und verstehen, dass Symbole eine Bedeutung haben.
- stellen Fragen.

## Schlüsselwörter

Abstoßen – anziehen – Auswertung – Beobachtung – Chemikalien – Chemiker –Experiment – Labor – Lösung – mischen – Mikroskop – Probe – untersuchen – Vermutung – Wissenschaftler

## Materialien

Becher aus Plastik – Bleistifte – Halter für Reagenzgläser – Handschuhe – Klemmbretter – Lupen – Messbecher – Mikroskop – Pipetten – Reagenzgläser aus Plastik – Tabellen, um Vermutungen einzutragen – weiße Kittel (bzw. Oberhemden)

## Requisiten

- **Berichtsformular:** Schreiben Sie den folgenden Text auf ein Blatt Papier. Lassen Sie dabei Platz für die Kinder, die darauf ihre Ideen festhalten sollen. Oben auf das Blatt schreiben Sie:

*Dr. ..., der Wissenschaftler*
Darunter schreiben Sie:

*Mein wissenschaftliches Experiment:*
*Das brauche ich dafür: ...*
*Diese Mischung könnte gebraucht werden für: ...*
*Fertigen Sie für jedes Kind eine Kopie von dem Blatt an.*

## Aufbau

Richten Sie Ihre Rollenspielecke so ein, dass sie wie ein Chemielabor aussieht. Stellen Sie die entsprechenden Requisiten bereit und ermuntern Sie die Kinder, mit den bereitgestellten Materialien zu experimentieren. Die Kinder könnten mit Backpulver und Essig experimentieren, farbiges Wasser in Reagenzgläsern mischen, Monsterglibber machen oder Eiswürfel mit Salzwasser zum Schmelzen bringen. Ermuntern Sie sie, ihre Forschungsergebnisse auf ihren Berichtsformularen schriftlich festzuhalten. Das macht noch größeren Spaß, wenn Sie die Berichtsformulare an Klemmbrettern befestigen.

## Impulsfragen

- Was, glaubst du, wird als Nächstes passieren?
- Was würdest du beim nächsten Mal anders machen?
- Warum, meinst du, ist das passiert?
- Was ist anders?
- Was ist gleich?

## Minibücher

**Gurgel, zisch und plopp (Gruppenbuch)**: Überschreiben Sie ein querformatiges Blatt mit „*Vermutungen*". In die obere Hälfte des Blattes schreiben Sie: „*Was, meinst du, wird passieren?*" Lassen Sie so viel Platz, dass die Kinder eine Antwort aufschreiben und sie bebildern können. In die zweite Hälfte schreiben Sie: „*Was ist passiert?*" Dort können die Kinder notieren, was tatsächlich passiert ist. Machen Sie Kopien für alle Kinder. Dann führen Sie ein Experiment mit den Kindern durch. Zuvor fragen Sie sie, was ihrer Meinung nach passieren wird, und lassen Sie sie die Antworten auf ihren Blättern festhalten. Ermuntern Sie die Kinder, ihre Antworten zu bebildern. Nach dem Experiment lassen Sie sich von den Kindern diktieren, was passiert ist, und schreiben es auf ihre Blätter. Heften Sie alle Blätter zu einem Buch zusammen.

## Zusatzaktivitäten

- Laden Sie einen Chemiker in die Gruppe ein, der den Kindern chemische Experimente vorführt.
- Füllen Sie Öl und gefärbtes Wasser in eine leere Limonadenflasche und kleben Sie den Deckel fest. Zusätzlich können Sie dem Öl-Wasser-Gemisch auch Glitter, Konfetti, Spitzabfälle von Buntstiften und andere Sachen hinzufügen. Die Kinder können die Flasche schütteln und beobachten, was passiert.
- Informieren Sie sich in Ihrer Bibliothek über weitere naturwissenschaftliche Experimente für Kinder und führen Sie diese mit den Kindern durch.

## Lieder, Gedichte und Fingerspiele

**Experimentieren**

Experimentieren,
das heißt probieren
und messen und mischen
und sollte was zischen,
dann stellst du die Frage: „Warum?"

Experimentieren
heißt auch notieren:
„Was könnte geschehen?
Was hab ich gesehen?
Und lässt sich erklären, warum?"

Experimentieren
heißt auch riskieren.
Es kann was zerspringen,
es kann was misslingen.
Das heißt aber nicht:
du bist dumm!

5

# Geschäfte

In der Pizzeria

Im Schuhgeschäft

Im Restaurant

In der Eisdiele

In einem Lebensmittelgeschäft

In der Zoohandlung

# In der Pizzeria

## Einsatzmöglichkeiten

**Die Liebe zu Büchern motiviert zum Lesen:**
Kinder lesen und schreiben gern, wenn es mit Spaß verbunden ist. Unsinnsgeschichten fördern bei Kindern eine Liebe zu Wörtern und Büchern. Und das Erfinden von Unsinnsgeschichten gibt Kindern, so wie in der folgenden Übung, die Möglichkeit, in angemessener Weise herumzualbern. Wenn sie interessiert sind und Spaß beim Lernen haben können, werden sie zum Lesen und Schreiben angeregt.

## Lernziele

**Die Kinder**
- erkennen einige Buchstaben auf der Speisekarte und der Zutatenliste.
- verbessern ihre Fähigkeit zuzuhören, wenn sie Anweisungen befolgen.
- schreiben mit buchstabenähnlichen Zeichen, wenn sie Bestellungen notieren und Schilder beschriften.

## Schlüsselwörter

Bestellung – heiß – kalt – Lieferung – Ofen – Teig – Zutaten

## Materialien

Bleistifte – Geld – leere Pizzaschachteln – Pizzaroller aus Plastik – Plastikgeschirr – Plastikpizza – Registrierkasse – Schilder mit der Aufschrift *„Geöffnet"* und *„Geschlossen"* – Schürzen – Speisekarten – Telefone – Tischdecken

## Requisiten

- **Bestellvordruck (siehe Seite 178 im Anhang):** Machen Sie ein paar Kopien von dieser Seite, schneiden Sie die Vordrucke aus und heften Sie sie zu Blocks zusammen.
- **Belagliste:** In einer Tabelle stellen Sie eine Liste von Pizzabelägen zusammen. Illustrieren Sie die Liste entsprechend.

## Aufbau

Verteilen Sie die Requisiten in der Rollenspielecke. Vielleicht halten Sie zusätzlich Knete bereit, aus der die Kinder Pizza backen dürfen. Ermuntern Sie sie, Bestellungen auf Bestellvorlagen zu notieren. Hängen Sie die Liste der Beläge aus und sprechen Sie darüber, womit eine Pizza oft belegt ist. Helfen Sie den Kindern, *„Geöffnet"* und *„Geschlossen"* auf Schilder zu schreiben, die sie am Eingang der Pizzeria anbringen können.

## Impulsfragen

- Bist du schon mal in einer Pizzeria gewesen?
- Womit kannst du eine Pizza belegen?

## Minibücher

**Unser Pizzabuch (Gruppenbuch):** Stellen Sie Bastelmaterialien und Kleber bereit, aus denen die Kinder Pizzas basteln können. Hier ist eine Liste möglicher Materialien:
**Käse:** in schmale Streifen geschnittenes, gelbes Bastelpapier (z.B. Krepppapier)
**Paprikastücke:** kleine Dreiecke aus grünem Bastelpapier
**schwarze Oliven:** kleine, ovale Ringe aus schwarzem Bastelpapier oder Papierknubbel aus schwarzem Krepppapier
**Pepperoni:** Ringe aus rotem oder braunem Bastelpapier
**Tomatensauce:** ein großer Kreis aus rotem Bastelpapier
**Teig:** ein Kreis aus hellbraunem Bastelpapier, größer als der rote Kreis

Die Kinder kleben eine Pizza aus diesen Materialien auf ihr Papier. Ermuntern Sie sie, sich selbst Beläge auszudenken. Fragen Sie die Kinder,

welche Sorte Pizza sie mögen und schreiben Sie die Antwort unten auf die Seite, falls die Kinder es nicht selbst schreiben können.
**Verrücktes Pizzabuch (Gruppenbuch):** Basteln Sie ein Buch mit *„verrückten Pizza-Erlebnissen"* mit der ganzen Gruppe. Als Deckblatt nehmen Sie eine Papptellerpizza (siehe Punkt 4 der zusätzlichen Aktivitäten). Für die Buchseiten schneiden Sie gleich große Papierkreise aus. Heften Sie diese zusammen. Die Kinder überlegen sich witzige Begebenheiten rund um das Thema *„Pizza"* und malen sie auf. Helfen Sie den Kindern, einen Anfang für ihre Geschichten zu finden, indem Sie ihnen hinweisende Fragen stellen wie z.B.: *„Was würde passieren, wenn ihr eine Pizza essen müsstet, die so groß ist wie euer Haus?"* oder *„Was würde passieren, wenn ein Dinosaurier zu eurer Pizzaparty käme?"* Halten Sie die Antworten der Kinder fest und fügen Sie diese zum Schluss den Illustrationen der Kinder hinzu.

## Zusatzaktivitäten

- Lassen Sie sich von einem Pizzadienst eine Pizza in die Klasse liefern und sprechen Sie mit den Kindern darüber, was alles passieren muss, bevor die fertige Pizza angeliefert wird, z.B. die Bestellung aufnehmen, die Pizza machen, die Pizza einpacken und bringen.
- Helfen Sie den Kindern, selbst Pizza zu backen. Verwenden Sie fertigen Pizzateig aus dem Kühlregal. Die Kinder können den Teig selbst ausrollen und suchen sich verschiedene Beläge aus.
- Unternehmen Sie einen Ausflug in eine Pizzeria. So können die Kinder vor Ort beobachten, welche Schritte nötig sind, um eine Pizza zu machen.
- Lassen Sie die Kinder in der Malecke Pizza aus Papptellern basteln, die sie nach dem Besuch als Dankeschönbrief an die Pizzeria schicken können. Die Kinder verwenden Pappteller als Teig, rot gefärbten Klebstoff als Sauce und gelbe Wollfäden als Käse. Sie verzieren ihre Pizza, wie sie möchten, z.B. mit kleinen Ringen aus Bastelpapier als Pepperoni. Helfen Sie ihnen, ihren Dankbrief auf die Rückseite der Pappteller zu schreiben.

## Lieder, Gedichte und Fingerspiele

**Pizza**
*(zu der Melodie von „O du lieber Augustin")*

Esst die gute Pizza auf,
Pizza auf, Pizza auf,
esst die gute Pizza auf.
sonst wird sie kalt.
Käse drauf,
Pilze drauf,
Schinken drauf,
alles drauf.

Esst die gute Pizza auf,
sonst wird sie kalt.

**Der Pizzabäcker**
Meine Mu, meine Mu, meine Mutter schickt mich her,
ob die Pi, ob die Pi, ob die Pizza fertig wär.
Wenn sie no, wenn sie no, wenn sie noch nicht fertig wär,
käm ich spä, käm ich spä, käm ich später wieder her.

## Literatur

*Glück, Gerhard:*
**Der Pizzakönig von Pisa.**
Lappan Verlag, 2004
ISBN 3-8303-1085-4

*Schneider, Liane;*
*Wenzel-Bürger Eva:*
**Conni backt Pizza.**
**Lesemaus, Band 65.**
Carlsen Verlag, 1998
ISBN 3-551-08639-7

# Im Schuhgeschäft

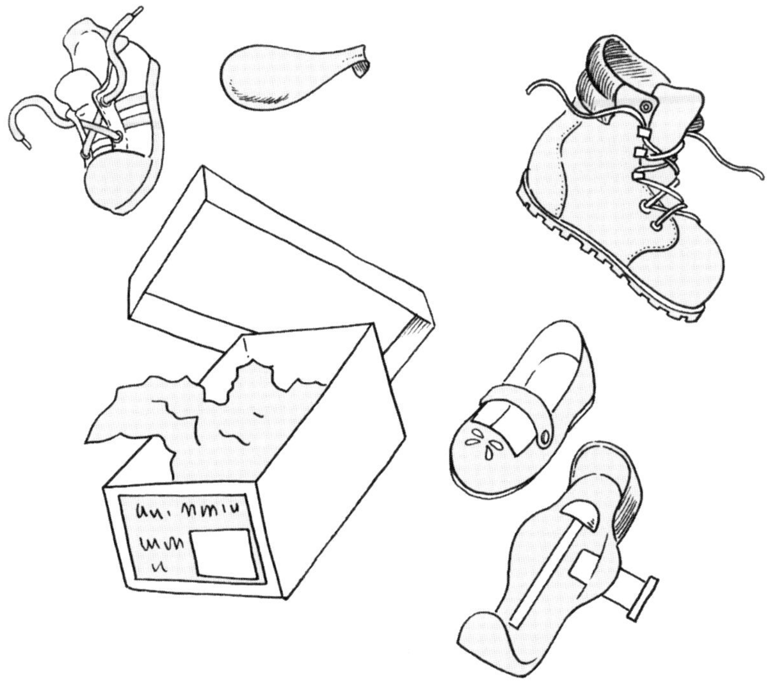

## Einsatzmöglichkeiten

**In Dialogen sprechen und zuhören:**
Im Rahmen eines Rollenspiels findet Kommunikation sehr viel offener statt und wird von den Kindern nicht als aufgezwungen empfunden. Mischen Sie sich bei der folgenden Übung unter die Mitspieler im Schuhgeschäft, achten Sie aber darauf, dass Sie die Unterhaltungen der Kinder nicht dominieren. Wenn Erwachsene bei einem Rollenspiel mitmachen, sollten die Kinder bei dem Geschehen trotzdem den Ton angeben können. Geben Sie nur kurze Antworten und regen Sie die Kinder mit Ihren Kommentaren dazu an, die Unterhaltung selbst weiterzutragen. Achten Sie darauf, dass Sie selbst das aktive Zuhören praktizieren. Wenn Kinder sich mit ihren Altersgenossen unterhalten, ist es wichtig, als Erwachsener im Hintergrund zu bleiben und ihren Ideen- und Gedankenaustausch nicht zu stören. In Unterhaltungen lernen die Kinder, wie man Sprache benutzt, um seine Ideen, Meinungen und Vorstellungen auszudrücken.

## Lernziele

**Die Kinder**
- erkennen und benennen einige Buchstaben auf Etiketten und Kartons.

## Schlüsselwörter

Breite – groß – Größe – klein – Länge – messen – mittel

## Materialien

Einkaufstaschen – Farbstifte – Fußmaß – Geld – leere Schuhcremedosen – Markierstifte – Pappe – Preisschilder – Registrierkasse – Schnürsenkel – Schuhe – Schuhkartons – Schuhlöffel – verschiedenfarbiges Papier – Wachsmalstifte

## Requisiten

- **Schuhgrößentabelle:** Schreiben Sie „*Schuhgröße*" und „*Schuhfarbe*" oben auf ein quer liegendes Blatt. Halten Sie fest, wie viele Schuhe in derselben Größe und Farbe vorhanden sind.
- **Vorlage zum Schleifenbinden (siehe S. 178 im Anhang):** Machen Sie für jedes Kind eine Kopie der Seite, kleben Sie sie auf Pappe und schneiden Sie die Schuhe aus. Machen Sie Löcher für die Schnürsenkel und fädeln Sie sie ein. Geben Sie jedem Kind ein Schuhpaar und zeigen Sie ihm, wie man einen Schuh zubindet.

## Aufbau

Machen Sie eine große Fläche frei, die Sie wie ein Schuhgeschäft einrichten. In der Auslage stehen Schuhe und Schuhkartons. Bitten Sie die Kinder, die Schuhe nach unterschiedlichen Kriterien zu sortieren, z.B. Gebrauch, Größe und Farbe. Die Kinder zeichnen die Schuhe aus und kleben Preisschildchen hinein oder stellen Preisschilder aus farbigem Papier dazu. Besorgen Sie sich eine Messlatte für Schuhgrößen, so dass die Kinder messen können, welche Schuhgröße sie haben.
Anschließend können die Kinder „*Schuhgeschäft*" spielen und Verkaufsgespräche führen.

## Impulsfragen

- Welcher der Schuhe ist länger?
- Welche Schuhgröße hast du?
- Worin gleichen sich diese Schuhe?
- Warum, meint ihr, sind sie unterschiedlich?

## Minibücher

**Jede Menge Schuhe (Gruppen- oder Einzelbuch):** Zeigen Sie den Kindern viele unterschiedliche Schuhe, z.B. Laufschuhe, Cowboystiefel, Wanderstiefel, Ballettschuhe usw. Die Kinder können sich dazu äußern, wer diese Schuhe bei welcher Gelegenheit trägt. Geben Sie jedem Kind eine Schuhvorlage (Seite 181 im Anhang). Die Kinder können die Schuhvorlage so bemalen, wie sie sich ihre Lieblingsschuhe vorstellen. Halten Sie auf jedem Blatt fest, um welche Art von Schuh es sich dabei handelt und warum das Kind sich seinen Lieblingsschuh so vorstellt. Heften Sie die Blätter zu einem Buch zusammen.

## Zusatzaktivitäten

- Berichten Sie den Kindern von Schuhen, die Leute in unterschiedlichen Berufen und in unterschiedlichen Kulturen tragen. Lassen Sie die Kinder ein Buch mit allen möglichen Schuharten zusammenstellen und dazu schreiben, wann sie getragen werden. Dazu können die Kinder auch entsprechende Schuhe aus Katalogen ausschneiden.
- Stellen Sie eine Tabelle mit den Schuhgrößen der Kinder in Ihrer Gruppe zusammen.
- Machen Sie Schuhabdrücke aus Knete oder Gips und lassen Sie die Kinder die unterschiedlichen Sohlenprofile vergleichen.

## Lieder, Gedichte und Fingerspiele

**Der Schuster**
Wer will fleißige Handwerker sehn,
der muss zu uns Kindern gehen.
Poch, poch, poch. Poch, poch, poch,
der Schuster schustert zu das Loch.

**Neue Schuhe**
Ich brauche neue Schuhe.
Wir gehen sie heute kaufen.
Ich wünsch mir Wunderschuhe:
ich möchte schneller laufen,
auf himmelhohe Bäume klettern
und viel, viel weiter springen
– und mit Wunderschuhen, denk' ich,
könnte das gelingen …

## Literatur

**Wem gehören die Schuhe? Fädeln, binden, Knoten – fertig ist die Schleife.**
Parragon Köln, 2006
ISBN 1-4054-6445-3

*Esterl, Arnica; Rosenstein, Richard; Ambrus, Victor:*
**Eins, zwei, drei, vier … neun Paar Schuhe?**
Verlag Freies Geistesleben, 1998
ISBN 3-7725-1594-0

# Im Restaurant

## Einsatzmöglichkeiten

**Bilder mit Wörtern verbinden:**
Ein Wort mit einem Bild verknüpfen zu können, stellt einen wichtigen Lernschritt dar. Bei der folgenden Übung ergibt sich für die Kinder die Möglichkeit, Bilder und Begriffe auf Speisekarten miteinander in Verbindung zu bringen. Diese Anordnung gibt den Kindern die Möglichkeit, das Lesen zu imitieren und sich wie echte Leser zu fühlen. Wenn Kinder ein Wort mit einem Bild verknüpfen, können sie sich leichter die Bedeutung des Wortes merken. Und Leseanfängern helfen die Bilder die Bedeutung der Schrift zu entziffern.

## Lernziele

**Die Kinder**
- schreiben mit buchstabenähnlichen Zeichen, wenn sie Bestellungen notieren und Schilder beschriften.
- imitieren das Lesen, wenn sie die bebilderten Speisekarten betrachten.
- reagieren in Gesprächssituationen angemessen auf Fragen.

## Schlüsselwörter

Bestellung – Besteck – Kellner – Kellnerin – Koch – Reservierung – reservieren – Servietten – Speisekarte – Tischmanieren – Trinkgeld

## Materialien

Bestellblocks – Blumen in Vase – Essstäbchen (falls nötig) – Spielgeld – Kochmützen – Plastikgeschirr und -besteck – Registrierkasse – Schürzen – Servietten – echte Speisekarten – Spielzeuglebensmittel – Spielzeuggeschirr – mehrere Tische

## Requisiten

- **Bestellvordrucke (siehe Seite 178 im Anhang):** Fertigen Sie ein paar Kopien von dieser Seite an, schneiden Sie die Rechnungsvordrucke aus und heften Sie sie zu Blocks zusammen.
- **Speisekarte mit Bildern:** Gestalten Sie Speisekarten mit Bezeichnungen und Preisen der einzelnen Gerichte und dazu passenden Bildern.

## Aufbau

Bauen Sie die Rollenspielecke zu einem Restaurant um. Stellen Sie darin mehrere Tische auf. Legen Sie Bestellblocks und Speisekarten aus. Achten Sie darauf, dass die Gerichte in den Speisekarten bebildert sind. Erklären Sie den Kindern die Speisekarten und verweisen Sie dabei auf die Wörter und Bilder. Helfen Sie den Kindern, *„Geöffnet"* und *„Geschlossen"* auf Schilder zu schreiben und ermuntern Sie sie, im Spiel in unterschiedliche Rollen zu schlüpfen, z.B. Koch, Kellner, Kellnerin, Gast, Hilfskellner und Hoteldame.

## Impulsfragen

- Welches ist dein Lieblingsgericht?
- Was möchtest du bestellen?
- Was kannst du heute empfehlen?
- Was ist die Spezialität des Hauses?

## Minibücher

**Mein Lieblingsgericht ist ... (Gruppenbuch):** Schreiben Sie oben auf eine Seite: *„Schlage ich die Speisekarte auf und was sehe ich?"* Unten auf die Seite schreiben Sie: *„Ich sehe ... ganz allein für mich."* Machen Sie für jedes Kind eine Kopie. Bitten Sie die Kinder, ihr Lieblingsgericht in die Lücke zu schreiben oder zu diktieren. Bringen Sie verschiedene Werbeanzeigen, Etiketten, Zeitschriften usw. mit, aus denen die Kinder ihr Lieblingsgericht ausschneiden und auf ihre Seite kleben können. Heften Sie die Seiten zu einem Buch zusammen. Wenn die Kinder das Buch lesen, können sie sich die Bilder ansehen und so die passenden Begriffe besser entziffern.

## Zusatzaktivitäten

- Zeigen Sie den Kindern Speisekarten von Restaurants mit internationalen Spezialitäten. Sprechen Sie über verschiedene Kulturen und Spezialitäten aus unterschiedlichen Ländern.
- Unternehmen Sie einen Ausflug in ein Restaurant. Die Kinder können selbst beobachten, wie der Kellner oder die Kellnerin mit den Gästen umgeht und Bestellungen aufnimmt.
- Gestalten sie eine Riechtheke oder ein Geruchsmemory. Legen Sie verschiedene Lebensmittel in Plastikbecher. Decken Sie die Becher mit Alufolie ab, machen Sie Löcher in die Folie und lassen Sie die Kinder durch Riechen herausfinden, um welche Lebensmittel es sich handelt.

## Lieder, Gedichte und Fingerspiele

**Im Restaurant**
*(zu der Melodie von „Die Räder vom Bus“*
*engl. Lied „The wheels on the bus)*

Der Koch in der Küche rührt im Topf,
rührt im Topf, rührt im Topf.
Der Koch in der Küche rührt im Topf,
kocht etwas für dich.

Der Koch in der Küche schneidet Speck,
schneidet Speck, schneidet Speck.
Der Koch in der Küche schneidet Speck,
kocht etwas für dich.

Der Koch in der Küche rollt den Teig,
rollt den Teig, rollt den Teig.
Der Koch in der Küche rollt den Teig,
backt etwas für dich.

Der Koch in der Küche brät den Fisch,
brät den Fisch, brät den Fisch.
Der Koch in der Küche brät den Fisch,
brät etwas für dich.

Der Koch in der Küche würzt die Suppe,
würzt die Suppe, würzt die Suppe.
Der Koch in der Küche würzt die Suppe,
kocht etwas für dich.

**Der Feinschmecker**
Nehm ich Nudeln mit Spinat
oder Schnitzel und Salat?
Oder einen Pfannekuchen?
Sollt ich Reisauflauf versuchen?

Wenn ich auf den Kellner warte,
lese ich die Speisekarte,
überlege hin und her,
als fiele die Entscheidung schwer
zwischen Gulasch und Forelle.
Dabei ist klar, was ich bestelle:
Pommes und 'ne Currywurst
und Limonade für den Durst.

# In der Eisdiele

## Einsatzmöglichkeiten

**Silbensynthese und –segmentierung:**
Silben mit Klatschen zu begleiten, lenkt die Aufmerksamkeit der Kinder auf den Klang von Sprache und fördert ihre phonologische Bewusstheit. Das Klatschen zerlegt das Wort in kleinere Elemente und hilft den Kindern so, die verschiedenen Silben eines Wortes zu hören. In der folgenden Übung können die Kinder die Silben der Eissorten in der Eisdiele klatschen.

## Lernziele

**Die Kinder**
- erkennen Wörter auf der Liste der Eissorten und finden Entsprechungen.
- benutzen Schrift, wenn sie Bestellungen aufnehmen und Namen auf Marken schreiben.
- hören aufmerksam zu, wenn sie sich über ihre Lieblingseissorten austauschen.
- klatschen die Silben verschiedener Eissorten.

## Schlüsselwörter

Eisdiele – Eissorte – gefrieren – Geschmacksrichtung – Milch – Milchprodukte – mischen – portionieren – Sahne – schmelzen

## Materialien

Eishörnchen aus Plastik oder Pappe – Eisportionierer – farbige Plastikkugeln oder Knete (als Eis) – Spielgeld – Plastikschalen – leere Eiscremebehälter – Löffel – Registrierkasse – Speisekarten (Eiskarten)

## Requisiten

➲ **Eistabelle:** Machen Sie unter den Kindern eine Umfrage und notieren Sie, welche Geschmacksrichtungen am beliebtesten sind. Stellen Sie die Ergebnisse in Form eines Diagrammes dar.

## Aufbau

Bauen Sie die Eisdiele mit Tischen und Requisiten auf. Als Eiscreme können Knete oder bunte Plastikkugeln dienen. Sie können auch einen Rollwagen zur Verfügung stellen, auf denen das Eis zu den Kunden an den Tisch gebracht wird. Helfen Sie den Kindern, eine Liste mit Eissorten anzufertigen und eine Preisliste aufzuschreiben sowie Etiketten für ihre Eissorten anzufertigen. Üben Sie mit den Kindern den Vers *„Eis"* (siehe nächste Seite) ein und sprechen Sie mit ihnen über die Anzahl der Silben in den verschiedenen Eissorten.

## Impulsfragen

- Welche Sorte Eiscreme magst du am liebsten?
- Wie macht man Eiscreme?
- Welche Eiscremesorten kennst du?

## Minibücher

- **Das Eiscremebuch (Gruppenbuch):** Machen Sie für jedes Kind eine Kopie von der Eishörnchenvorlage (siehe Seite 181 im Anhang). Schneiden Sie die Eishörnchen aus und geben Sie jedem Kind eins. Bitten Sie die Kinder, ihre Lieblingssorte(n) auf die Eiskugel zu schreiben und sie farbig anzumalen. Helfen Sie den Kindern, die Silben in ihrer Lieblingseissorte zu klatschen. Die Kinder denken sich einen Titel für ihr Buch aus und schreiben ihn auf ein unbeschriebenes Eishörnchen. Heften Sie alle Seiten zu einem Buch zusammen. Wenn es fertig ist, lesen Sie es gemeinsam mit der Gruppe und ermuntern die Kinder, die Silben zu klatschen.

## Zusatzaktivitäten

- Bereiten Sie mit den Kindern echtes Eis zu. Besprechen Sie, woher Eiscreme ursprünglich kommt und wie man sie herstellt.
- Stellen Sie mit Hilfe der Kinder eine Einkaufsliste oder eine Liste mit den beliebtesten Eiscremesorten zusammen. Die Kinder können Bilder dazu malen oder aus Zeitschriften ausschneiden.
- Natürlich sollte ein Besuch in einer echten Eisdiele nach dieser Übung nicht fehlen.

## Lieder, Gedichte und Fingerspiele

**Eis**

Eis zum Lecken, Eis zum Schlecken,
eins wird mir besonders schmecken,
und das ist:
Schokolade! (laut rufen)
Schokolade! (flüstern)
Scho-ko-lade. (Silben klatschen)

(Mit anderen Geschmacksrichtungen ebenso verfahren:
Va-nil-le, Erd-bee-re, Zi-tro-ne usw.)

# In einem Lebensmittelgeschäft

## Einsatzmöglichkeiten

**Schrift im Alltag:**
Bei *„Schrift im Alltag“* geht es um Buchstaben und Wörter, denen Kinder in ihrem Umfeld begegnen, z.B. auf Plakatwänden, Schildern, Etiketten, Aufklebern, Haferflockenpackungen, Kaugummipapieren, Logos usw. Schriftzüge, die Kindern häufig im Alltag begegnen, werden ihnen vertraut und sie fühlen sich beim Lesen sicher. Hiebert und Ham (1981) belegten einst, dass *„Kinder, die unter Einbeziehung von Alltagsbeispielen für Schrift lesen und schreiben gelernt haben, bedeutend besser Schreiben lernten als Kinder, die die Buchstaben des Alphabets ohne Einbeziehung von alltäglichen Schriftbeispielen erlernten.“* In diesem Übungsbeispiel ist ein Lebensmittelgeschäft ein idealer Ort, um die Kinder mit Schriftbildern vertraut zu machen.

## Lernziele

**Die Kinder**
- lesen Schriftzüge auf Etiketten.
- erkennen und benennen Buchstaben.
- erkennen Wörter und Buchstaben wieder, wenn sie Etiketten auf Lebensmitteln mit den Kassenzetteln vergleichen.

- schreiben mit buchstabenähnlichen Zeichen, wenn sie Einkaufslisten schreiben und Schecks ausfüllen.
- erkennen, dass sich aus Buchstaben Wörter bilden lassen.

## Schlüsselwörter

Bäckerei – Einkaufsliste – Ernährung – Kasse – Kassenzettel – Käsetheke – Lebensmittelgruppen (Fleisch, Milchprodukte, Gemüse, Obst, Backwaren) – Lebensmittelgeschäft – Metzger – Obst- und Gemüseabteilung – Preise – produzieren – Supermarkt

## Materialien

alte Kreditkarten – Geldbörsen – Kassenzettel – kleine Einkaufswagen und -körbe – leere Lebensmittelverpackungen – Papiertüten – Registrierkassen – Scheckbücher – Spielgeld – Werbung für Lebensmittel – Zettel für Einkaufslisten

## Requisiten

- **Kreditkarten** (siehe Seite 174 im Anhang).
- **Einkaufsliste:** Schreiben Sie „*Einkaufsliste*" auf einen langen Zettel. Machen Sie von dem Blatt so viele Kopien, dass jedes Kind mindestens eine bekommt. Darauf können die Kinder notieren, welche Lebensmittel sie einkaufen wollen.
- **Schilder:** Schreiben Sie „*Sonderangebot*" auf ein Stück Plakatkarton oder einen großen Bogen Papier. Auf ein anderes Blatt schreiben Sie „*Superpreis!*". Fertigen Sie mehrere Schilder dieser Art an. Die Kinder können darauf festhalten, welche Artikel zum Sonderpreis verkauft werden.

## Aufbau

Suchen Sie eine möglichst große Fläche für den Lebensmittelladen aus. Sie und die Kinder können die Waren in bestimmte Gruppen einteilen, wie z.B. Molkereiprodukte, Fleisch, Obst und Gemüse usw. Helfen Sie den Kindern Beschriftungen für diese Abteilungen zu schreiben. Machen Sie sie auf Lebensmittelwerbung aufmerksam und lassen Sie sie dann eine Liste der Lebensmittel zusammenstellen, die sie einkaufen möchten. Weiterhin können die Kinder ihren Namen auf Kreditkarten schreiben.

## Impulsfragen

- Was möchtest du kaufen?
- Was könntest du auf deine Einkaufsliste schreiben?

## Minibücher

**Lebensmittel (Gruppenbuch):** Legen Sie 26 Prospekthüllen in ein Ringbuch ein. Schreiben Sie jeden Buchstaben des Alphabets auf ein eigenes Blatt Papier und schieben Sie die Blätter in die Prospekthüllen. Bitten Sie die Kinder, Etiketten von Dosen, Schachteln, aus Prospekten und Zeitschriften und andere Beispiele für Schrift aus dem Alltag mitzubringen. Bitten Sie die Kinder, den entsprechenden Anfangsbuchstaben, den sie auf ihrem Etikett sehen, im Ringbuch zu suchen und das Etikett auf der Seite aufzukleben. Die Kinder können laufend neue Etiketten hinzufügen.

**In meinem Einkaufswagen (Einzelbuch):** Stellen Sie den Kindern Prospekte für Lebensmittel und Zeitschriften zur Verfügung und lassen Sie sie Bilder von Dingen ausschneiden, die sie aus dem Alltag kennen. Diese Bilder kleben sie auf einen Pappstreifen. Helfen Sie ihnen, die Bezeichnungen für die aufgeklebten Dinge darunterzuschreiben. Mit Ihrer Hilfe werden die Seiten zu einem Buch zusammengeheftet, das die Form eines Einkaufswagens hat.

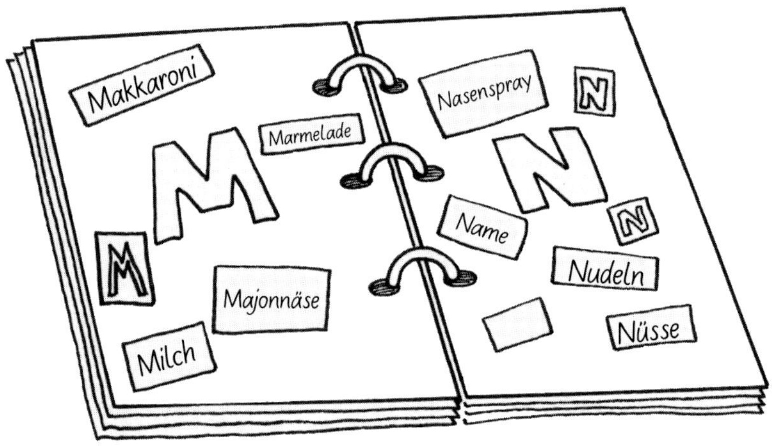


## Zusatzaktivitäten

- Sprechen Sie mit den Kindern darüber, wie wichtig ausgewogene und gesunde Essgewohnheiten sind. Erklären Sie ihnen die Ernährungspyramide und lassen Sie sie die Lebensmittel den richtigen Gruppen zuordnen.
- Gehen Sie mit den Kindern in ein Lebensmittelgeschäft in der Nähe. Teilen Sie die Kinder in kleine Gruppen ein, von denen jede von einem Erwachsenen begleitet wird. Die Kinder bekommen Klemmbretter und malen auf, was ihnen im Supermarkt auffällt, und berichten später im Plenum darüber.
- Die Kinder können Kassenzettel schreiben.
- Suchen Sie sich ein einfaches Rezept aus. Stellen Sie mit den Kindern eine Einkaufsliste zusammen und gehen Sie gemeinsam einkaufen. Bereiten Sie gemeinsam mit den Kindern das ausgewählte Gericht.
- Bitten Sie die Kinder, Etiketten von Lebensmitteln mitzubringen. Helfen Sie ihnen, die Etiketten nach ihren Anfangsbuchstaben zu sortieren. Kleben Sie sie auf Plakatkarton oder hängen Sie diese an die Pinnwand.

## Lieder, Gedichte und Fingerspiele

**Auf dem Markt**
Auf dem Markt, auf dem Markt
kauf ich einen Fisch
und zu Haus, und zu Haus
kommt er auf den Tisch.

Auf dem Markt, auf dem Markt
kauf ich viel Spinat
und zu Haus, und zu Haus
mach ich d´raus Salat.

Auf dem Markt, auf dem Markt
kauf ich zehn Tomaten
und zu Haus, und zu Haus
werde ich sie braten.

Auf dem Markt, auf dem Markt
kauf ich mir Butterwecken
und zu Haus, und zu Haus
lass ich sie mir schmecken.

Auf dem Markt, auf dem Markt
kauf ich zwei Laibe Brot
und zu Haus, und zu Haus
leid ich keine Not.

## Literatur

*Berner, Rotraut Susanne:*
**Karlchen geht einkaufen.**
Hanser Verlag, 2003
ISBN 3-446-20260-9

*Nitsche, Meinolf:*
**Mein liebstes Buch vom Einkaufen.**
Edition Bücherbär, 2002
ISBN 3-401-08374-0

Döring, Hans-Günther:
**Mein erstes Wörterbuch. Einkaufen.**
Ravensburger Buchverlag, 2001
ISBN 3-473-30951-6

# In der Zoohandlung

## Einsatzmöglichkeiten

**Buchstabenähnliche Formen und Buchstaben schreiben:**
Ermöglichen Sie es den Kindern, auf spielerische Art und Weise das Schreiben zu erlernen. Eine Sammlung verschiedener Schreibutensilien, Papiersorten und -farben bietet dabei einen zusätzlichen Anreiz das Schreiben zu erlernen. Wenn Kinder im Rahmen eines Rollenspiels schreiben, erkunden und entdecken sie selbstbestimmt. Bei der folgenden Übung sind die Situationen im Zoogeschäft mit Schreibanlässen verknüpft, die es den Kindern möglich machen, selbstständig Schrift zu entdecken. Wichtig ist, dass Sie alle Schreibversuche der Kinder zulassen und nicht korrigierend eingreifen. Zu den Schreibversuchen gehören buchstabenähnliche Zeichen ebenso wie Buchstaben.

## Lernziele

**Die Kinder**

- tun so, als würden sie Informationen und Etiketten auf Zooartikeln lesen.
- erkennen, dass Schrift bedeutungstragend ist.
- benutzen buchstabenähnliche Zeichen, wenn sie den Namen ihres Tieres aufschreiben und Schilder anfertigen.

## Schlüsselwörter

Fell – flauschig – frisieren – füttern – groß – Haustier – Hund – klein – kurz – lang – Pfote – pflegen – Rasse – weich

## Materialien

Einkaufskörbe – Fressnäpfe – Halsband mit Namensschild – Informationen zur Tierpflege – Kassenzettel – Leinen – Registrierkasse – Schilder – Spielgeld – Stofftiere – Tierspielzeug (Quietschtiere, weiche Bälle usw.)

## Requisiten

- **Hinweise zur Tierpflege:** Schreiben Sie *„Mein Haustier“* oben auf ein DIN-A5-Blatt. Darunter schreiben Sie:

*Name des Tieres:*
*Tierart:*
*Besondere Pflegehinweise:*

Lassen Sie in jeder Zeile Platz für Notizen der Kinder.

## Aufbau

Richten Sie in der Rollenspielecke eine Zoohandlung ein. Die Kinder ordnen die Stofftiere in Gruppen ein. Bauen Sie Tierpflegeartikel zum Kauf auf. Die Kinder fertigen Schilder mit *„Geöffnet“* und *„Geschlossen“*, Namenskärtchen und Pflegehinweise für Haustiere an. Dann lassen Sie die Kinder so tun, als würden sie den Kunden die Pflegehinweise vorlesen, wenn sie in den Laden kommen und ein Tier (Stofftiere) kaufen möchten.

## Impulsfragen

- Wie zeigst du deinem Haustier , dass du es gern hast?
- Wie muss man ein Tier anfassen?
- Was frisst dein Tier?
- Warum braucht es Futter?
- Geht man mit allen Tieren gleich um?
- Welche Art von Unterschlupf braucht dein Tier?

## Minibücher

**Unsere Haustiere (Gruppenbuch):** Schreiben Sie oben auf ein Blatt Papier: *„Wessen Lieblingstier ist ein ...?“* Machen Sie für jedes Kind eine Kopie des Blattes. Die Kinder malen ihr Haustier und schreiben mit

buchstabenähnlichen Zeichen oder Buchstaben den Namen des Tieres dazu. (Wenn ein Kind kein Haustier hat, malt es ein Tier, das es kennt.) Schneiden Sie für jedes Kind einen 18 x 10 cm großen Papierstreifen zu und helfen Sie ihm, seinen Namen darauf zu schreiben. Machen Sie von jedem Kind ein Foto, schneiden Sie es aus und kleben Sie es unten auf das Blatt. Heften Sie den Namensstreifen so darüber, dass das Bild und der Name des Kindes nicht zu sehen sind. Fertigen Sie ein Deckblatt mit dem Titel *„Unsere Haustiere"* an und heften Sie die Seiten zu einem Buch zusammen. Die Kinder können sich dann ein Tierbild ansehen und raten, wem es gehört. Dann klappen sie den Papierstreifen zur Seite und sehen das Bild und den Namen des Kindes. Dieses Buch ist zum Spielen und zum Ansehen geeignet.

## Zusatzaktivitäten

- Schaffen Sie ein Tier für die Gruppe an und lassen Sie die Kinder bei der Pflege und Versorgung helfen.
- Laden Sie einen Tierfriseur oder Tierpfleger ein, der den Kindern etwas von seiner Arbeit erzählt und zeigt.
- Machen Sie eine Umfrage, wer welches Lieblingstier hat, und halten Sie die Ergebnisse in einer Tabelle fest.

## Lieder, Gedichte und Fingerspiele

**Was kostet das Mäuschen dort im Käfig?**

Was kostet das Mäuschen dort im Käfig?
Es hat so schön glänzendes Fell.
Was kostet das Mäuschen dort im Käfig?
Das wüsste ich gerne ganz schnell.

Was kostet der Vogel auf der Stange?
Ist das nicht ein Graupapagei?
Was kostet der Vogel auf der Stange?
Der macht aber lautes Geschrei!

Was kostet der Goldfisch dort im Fischglas?
Ich glaub, der ist wirklich aus Gold.
Was kostet der Goldfisch dort im Fischglas?
So was hab ich immer gewollt.

Was kostet die riesenlange Schlange?
Sie liegt eingerollt in der Eck.
Was kostet die riesenlange Schlange?
Da kriegt meine Schwester 'nen Schreck.

Was kostet das wuschelige Tier dort?
Ich weiß leider nicht, wie es heißt.
Was kostet das wuschelige Tier dort?
Ich hoffe, dass es mich nicht beißt.

**Zungenbrecher**
Es klapperten die Klapperschlangen,
bis ihre Klappern schlapper klangen.

Menschen mögen Möwen leiden,
während sie die Löwen meiden.

Es sprach der Herr von Rubenstein:
„Mein Hund, der ist nicht stubenrein."

## Literatur

*Riha, Susanne; Khakdan, Wahed:*
**Mein erstes Wortbilderbuch.**
**Große Tiere, kleine Tiere.**
**Der Bilderbuchbär, Schauen**
**und Entdecken.**
Edition Bücherbär, 2005.
ISBN 3-401-07312-5

*Skarabela, Bärbel:*
**Mein Fühl-Wörterbuch Tiere.**
Ars Edition, 2006
ISBN 3-7607-7848-8

6

# Transportwesen

**Im Straßenverkehr**

**Im Flugzeug**

**Im Zug**

**Verreisen**

# Im Straßenverkehr

## Einsatzmöglichkeiten

**Schrift hat einen praktischen Nutzen:**
Schon sehr jungen Kindern fallen Verkehrsschilder auf der Straße auf. Erwachsene können Kindern helfen zu erkennen, dass die Schilder Informationen vermitteln und Anweisungen geben. Dies ist eine einfache und praktisch umsetzbare Methode, Vorläuferfertigkeiten der Schreib- und Lesekompetenz zu fördern. Das „Lesen" von Schildern erweitert das Wissen und den Wortschatz der Kinder. Wenn Kinder selbst Verkehrsschilder anfertigen und sie im Spiel einsetzen, erkennen sie, dass Schrift praktische Funktionen erfüllt.

## Lernziele

**Die Kinder**
- begreifen die Funktion von Sprache, wenn sie Straßen- und Verkehrsschilder lesen.
- demonstrieren ihre Fähigkeit zuzuhören, wenn sie Anweisungen befolgen.

## Schlüsselwörter

Ampel – Bahnübergang – Fußgänger – Kreuzung – Regeln – Sicherheitsgurte – Stoppschild – Vorfahrt – Zebrastreifen

## Materialien

Fahrräder und Dreiräder – Papier und Pappe – Stifte

## Requisiten

- **Nummernschilder:** Schneiden Sie Pappstücke in der Größe von Nummernschildern zu. Die Kinder schreiben beliebige Autonummern darauf und verzieren sie.
- **Verkehrsschilder:** Fertigen Sie ein paar große Verkehrsschilder an, z.B. *Stoppschild, Einbahnstraße, Tempo-30-Zone, Taxistand und Radweg.* Wählen Sie auch solche Schilder aus, die Schrift enthalten. Lassen Sie einige Schilder unbemalt, die die Kinder selbst gestalten können. Befestigen Sie die Verkehrsschilder an Stäben, sodass sie in Flaschen oder in Eimern aufgestellt für einen Verkehrsparcours verwendet werden können. Sprechen Sie über die Bedeutung der Verkehrsschilder.
- **Führerscheine:** Schneiden Sie aus Papier oder dünnem Karton kleine Rechtecke zu. Schreiben Sie oben *„Führerschein"* und an den linken Rand *„Name"*, *„Alter"* und *„Geburtsdatum"* darauf. In die rechte obere Ecke zeichnen Sie ein kleines Rechteck ein, in das die Kinder ihr Passfoto malen können. Machen Sie für jedes Kind eine Kopie des Führerscheins.

## Aufbau

Helfen Sie den Kindern bei der Gestaltung von Verkehrsschildern und stellen Sie sie draußen auf dem Spielgelände oder dem Pausenhof auf. Geben Sie den Kindern Nummernschilder aus Papier, die die Kinder mit ihrem Namen beschriften und verzieren. Befestigen Sie die Nummernschilder an den Dreirädern oder Fahrrädern. Helfen Sie den Kindern, Namen für Straßenschilder zu finden. Die Kinder sollten sich an die Anweisungen der Schilder halten, wenn sie mit ihren Rädern über das Spielgelände fahren.

## Impulsfragen

- Warum müssen wir uns an Verkehrsschilder halten?
- Was bedeutet dieses Schild?

## Minibücher

**Fahrzeuge (Einzelbuch):** Kopieren Sie die Seiten 182/183 im Anhang so, dass von jeder Seite mehrere Kopien zur Verfügung stehen. Dann schneiden Sie die Umrisse von Verkehrsschildern zu, z.B. ein Achteck für ein Stoppzeichen, ein Rechteck für ein Schild für eine Fahrradstraße, ein Dreieck für ein Vorfahrtszeichen, einen blauen Pfeil für einen Hinweis auf eine Umleitung. Die Kinder suchen sich aus, welche Seiten sie für ihr Buch verwenden wollen. Helfen Sie den Kindern, die Wörter *„Stopp", „Fahrradstraße"* und *„Umleitung"* auf die Seiten zu schreiben, die Verkehrsschilder darstellen. Ermuntern Sie die Kinder, sich eine fortlaufende Geschichte mit Deckblatt und Illustrationen auszudenken. Die Kinder schreiben so viel sie können ohne Hilfe. Wenn sie die Verkehrsschilder in ihre Geschichten einbauen, erkennen sie den praktischen Nutzen von Schrift.

## Zusatzaktivitäten

- Verteilen Sie Klemmbretter an die Kinder und gehen Sie mit ihnen auf einen Parkplatz. Die Kinder sehen sich die Autos an und sortieren sie in Gruppen. Dann zählen sie sie und vergleichen ihre Ergebnisse.
- Helfen Sie den Kindern, Autos aus Kartons zu basteln. Schneiden Sie den Kartonboden so aus, dass ein Kind hineinpasst (das sollte nur von einem Erwachsenen gemacht werden). Drehen Sie den Karton um und befestigen Sie Hosenträger an den Rändern des Ausschnittes. Die Hosenträger liegen auf den Schultern des Kindes. Die Kinder bemalen und verzieren die Kisten so, dass sie wie Autos aussehen. Geben Sie ihnen Nummernschilder aus Papier, die sie beschriften und auf die Autos kleben können.
- Erklären Sie den Kindern, was verschiedene Verkehrszeichen bedeuten. Sprechen Sie mit den Kindern über Sicherheit in Autos und darüber, wie wichtig es ist, den Sicherheitsgurt anzulegen und beim Überqueren der Straße vorsichtig zu sein.

## Lieder, Gedichte und Fingerspiele

**Die Räder vom Bus**
Die Räder vom Bus drehn sich rundherum, rundherum, rundherum,
die Räder vom Bus drehn sich rundherum,
stundenlang.

Die Türen vom Bus gehen auf und zu, auf und zu, auf und zu,
die Türen vom Bus gehen auf und zu,
stundenlang.

Der Fahrer vom Bus sagt: „Durchgehen, bitte! Durchgehen, bitte!
Durchgehen, bitte!"
Der Fahrer vom Bus sagt: „Durchgehen, bitte!",
stundenlang.

Der Schaffner im Bus sagt: „Fahrkarten, bitte! Fahrkarten, bitte!
Fahrkarten, bitte!"
Der Schaffner im Bus sagt: „Fahrkarten, bitte!",
stundenlang.

Die Kinder im Bus machen „Blablabla, blablabla, blablabla",
die Kinder im Bus machen „Blablabla",
stundenlang.

Die Großen im Bus machen „Psst psst psst, psst psst psst,
psst psst psst",
die Großen im Bus machen „Psst psst psst",
stundenlang.

## Literatur

*Grabis, Bettina:*
**Erklär mir was! Straßen-Verkehr.**
Xenos Verlagsgesellschaft, 2003
ISBN 3-8212-2624-2

# Im Flugzeug

## Einsatzmöglichkeiten

**Großschreibung beachten – große und kleine Buchstaben:**
Wenn Kinder verstehen, welche Bedeutung Buchstaben haben und welchen Zweck sie erfüllen, können sie allmählich lernen, zwischen großen und kleinen Buchstaben zu unterscheiden. Meist lernen Kinder die Großbuchstaben zuerst, weil sie leichter zu schreiben sind. Außerdem können sie sie leichter wiedererkennen, weil ihr Name ebenfalls mit einem Großbuchstaben beginnt. Texte bestehen jedoch weitgehend aus kleinen Buchstaben. Die Kinder müssen lernen, dass Groß- und Kleinbuchstaben zwar unterschiedlich aussehen, aber dennoch dasselbe bedeuten. Wenn sie sich bei der folgenden Übung in einem Flugzeug ihre Plätze suchen, üben sie, zusammengehörige Groß- und Kleinbuchstaben zu finden.

## Lernziele

**Die Kinder**
- erkennen Buchstaben auf Tickets und an Sitzen und finden heraus, welche zusammengehören.
- üben auf Tickets, mit buchstabenähnlichen Zeichen zu schreiben.
- antworten angemessen auf Fragen.
- tun so, als würden sie während des Fluges lesen.

## Schlüsselwörter

Einchecken – Flugticket – Flughafen – Gepäck – herunter – hinauf – Kontrollturm – Land – landen – Landebahn – langsam – Pilot – schnell – Staat – starten – Stewardess – Tickets

## Materialien

Aufkleber für Sitzreihen – Bleistifte – Bücher – Büchertaschen – Essenstabletts – Gepäck (Kartons) – Jacken – Kopfhörer – Plakate – Reiseprospekte – Stühle

## Requisiten

- **Flugtickets mit Platzreservierungen (siehe Anhang Seite 179).**
- **Gepäckanhänger** (siehe Seite 179 im Anhang)**:** Kopieren Sie diese Seite und schneiden Sie die Flugtickets und Gepäckanhänger für die Kinder aus.

## Aufbau

Lassen Sie die Kinder aus großen Kartons und Stühlen die Passagierkabine eines Flugzeugs nachbauen. Legen Sie die Requisiten für dieses Rollenspiel aus. Hängen Sie Werbeplakate von verschiedenen Reiseländern auf und bauen Sie einen Schalter auf. Die Kinder verteilen Flugtickets und Platzreservierungen. Kennzeichnen Sie die Sitzreihen mit Aufklebern mit Buchstaben. Die Kinder suchen ihre Plätze, indem sie die Großbuchstaben auf ihren Tickets mit den kleinen Buchstaben an den Sitzen vergleichen. Geben Sie den Kindern Zeitschriften und Reisekataloge, die sie unterwegs lesen können.

## Impulsfragen

- Wohin fliegst du?
- Wo liegt dieses Land?
- Was kann man dort sehen?
- Wie ist das Wetter in diesem Land?

## Minibücher

**Unterwegs mit dem Flugzeug (Einzel- und Gruppenbuch):** Fragen Sie die Kinder, wen sie mit auf eine Reise nehmen und wohin sie fliegen würden. Helfen Sie ihnen, die Namen ihrer Reisebegleiter auf ihre Blätter zu schreiben. Weisen Sie die Kinder darauf hin, dass Namen immer mit einem Großbuchstaben beginnen. Die Kinder bemalen die Seiten, bevor Sie sie zu einem Buch heften.

## Zusatzaktivitäten

- Helfen Sie den Kindern, Papierflugzeuge zu falten, und veranstalten Sie einen Flugwettbewerb. Legen Sie einen Hula-Hoop-Reifen aus, den die Kinder versuchen mit den Flugzeugen zu treffen.
- Basteln Sie Wolkenbilder aus Wattebäuschen oder weißer Farbe. Sie können als zusätzliche Requisiten dienen.

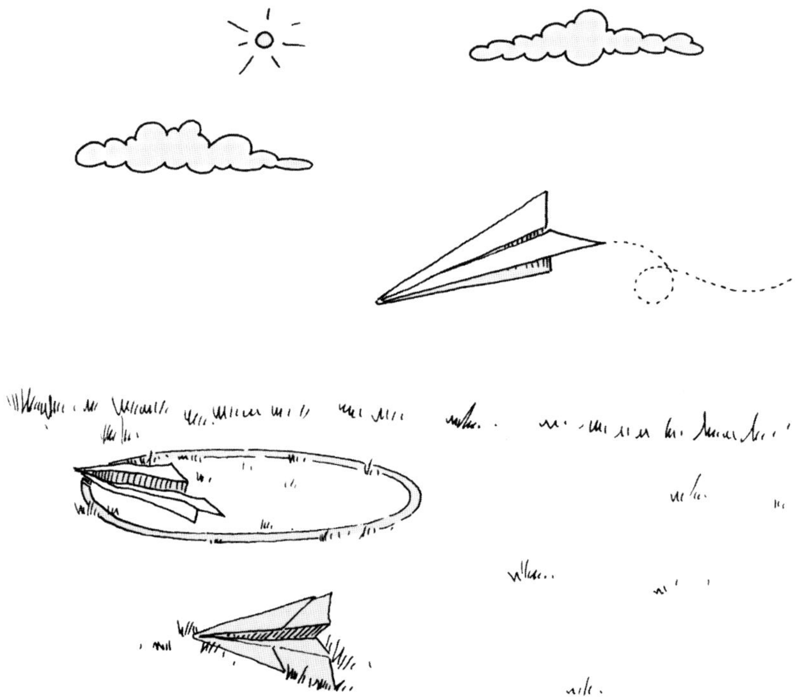

## Lieder, Gedichte und Fingerspiele

**Ein Flug startet**
Da kommt der Aufruf für den Flug,
jetzt heißt es aber flitzen!
Wir steigen in das Flugzeug ein
und gehn zu unsren Sitzen.

Wir schieben unser Handgepäck
in Fächer an der Decke.
Dann schnallen wir die Gurte fest
und rollen auf die Strecke.

Das Flugzeug rollt die Startbahn lang,
wird bald die Nase heben,
sich vom Boden lösen
und durch die Lüfte schweben.

**Das Flugzeug**
Das Flugzeug oben in den Wolken
trägt die Leute durch die Luft,
über Meere, über Felder,
über manche Felsenkluft.

Der Pilot blickt aus dem Fenster,
sieht hinunter auf die Welt.
Bäum' und Häuser sehen aus,
als hätt ein Kind sie hingestellt.

## Literatur

*Grant, Donald:*
**Das Flugzeug. Meyer.**
**Die kleine Kinderbibliothek,**
**Band 8.**
Brockhaus Verlag, 1992
ISBN 3-411-08501-0

*Metzger, Wolfgang; de Klerk, Roger:*
**Mein großes Buch der Flugzeuge.**
Schmidt F.X., 2006
ISBN 3-89782-127-3

*Piel, Andreas:*
**Frag mich was. Flugzeuge.**
Loewe Verlag, 2005
ISBN 3-7855-5374-9

# Im Zug

## Einsatzmöglichkeiten

**Lautwert der Buchstaben:**
Phoneme sind Einzellaute, die Buchstaben oder Buchstabengruppen entsprechen. Wenn Kinder den Anlaut eines Wortes heraushören, lernen sie dieses bestimmte Phonem. Kinder beginnen, den Buchstaben mit dem Laut zu verknüpfen. Diese Erkenntnis kommt jedoch nicht immer von selbst. Manche Kinder brauchen die Unterstützung durch den Lehrer, um diese Verknüpfung herzustellen. Machen Sie die Kinder auf Wörter aufmerksam, die mit demselben Laut beginnen, und lassen Sie sie entsprechend sortieren (z.B. *„Sonne"*, *„Sarah"*, *„Sand"*, *„Samstag"*). Wenn Kinder es schaffen, den Anlaut eines Wortes zu erkennen, können sie sich an den Endlauten versuchen. Als Leseanfänger müssen sie lernen, die Phoneme zu Wörtern zusammenzusetzen.

## Lernziele

**Die Kinder**
- tun als würden sie lesen, wenn sie sich Zeitungen und Zeitschriften ansehen, während sie auf den Zug warten.
- üben, Buchstaben auf Fahrkarten zu schreiben.
- demonstrieren phonologische Bewusstheit, wenn sie Wörter erkennen, die mit demselben Anlaut beginnen.

## Schlüsselwörter

Güterwagon – Kohlentender – Lokführer – Lokomotive – Schaffner – Schienen – Wagon

## Materialien

Bleistifte – Bücher über Eisenbahnen – Fahrkarten – Hüte – Kartons – Koffer –Landkarten – Reiseführer und -broschüren – Reisespiele – Sachen zum Verkleiden – Schilder – Spielgeld – Stühle – Zeitschriften – Zeitungen

## Requisiten

- **Fahrkarten:** Schneiden Sie Papier in Fahrkartengröße zurecht. Oben auf das Blatt schreiben Sie „*Bahnfahrkarte*" und darunter schreiben Sie: „*Preis:* ..." und „*Fahrziel:* ..." Die Kinder können die Lücken ausfüllen und die Fahrkarten bemalen.

Die Kinder bauen aus großen Kartons und Stühlen einen Zug. Sie können auch aus schwarzem Papier einen Zugumriss ausschneiden und an der Wand befestigen. Die Kinder malen Landschaften auf Papier und kleben sie in die Fenster des Zuges, als würden sie aus dem Zugfenster nach draußen schauen. Bauen Sie einen Fahrkartenschalter und einen Warte- und Leseraum auf. Hängen Sie Werbeplakate von Städten und Ländern auf. Die Kinder schreiben Schilder für den Zug und Fahrkarten für die Fahrgäste. Ermuntern Sie die Kinder, während der Zugfahrt Alphabet-Spiele zu spielen, z.B. „*Ich habe mir etwas überlegt, das mit dem Buchstaben A beginnt ...*".

## Impulsfragen

- Bist du schon mal mit dem Zug verreist?
- Wohin möchtest du mit dem Zug fahren?
- Was kann man in einem Zug erleben?

## Minibücher

**Der Zug (Einzelbuch):** Machen Sie von der Zugvorlage im Anhang (Siehe Seite 183) so viele Kopien, dass jedes Kind mehrere Blätter enthält. Bitten Sie die Kinder aufzuschreiben, was sie während einer Zugfahrt sehen würden, und lassen Sie sie es auf die Zugumrisse malen. Helfen Sie ihnen, einige der Wörter zu buchstabieren, die sie in ihrer Geschichte verwenden wollen, indem Sie sie auf den Anlaut des Wortes bringen. Wenn ein Kind beispielsweise schreiben möchte: „*Ich habe einen Fluss gesehen*", könnten Sie aufschreiben: „*Ich habe einen ... gesehen.*" Dann helfen Sie dem Kind, den F-Laut herauszuhören, mit dem das Wort „*Fluss*" beginnt, und schreiben ihn auf. Diese Aktivität hilft den Kindern zu erkennen, dass sie den ersten Buchstaben eines Wortes herausfinden können, indem sie den Anlaut heraushören. Heften Sie alle Blätter eines Kindes zu einem Buch zusammen.

## Zusatzaktivitäten

- Helfen Sie den Kindern mit einer Anlautübung und sagen Sie ihnen Wörter aus dem Wortfeld „*Zug*" vor: laute Lokomotive, rollende, ratternde Räder usw.

- Machen Sie mit den Kindern einen Ausflug zu einem Bahnhof und sehen Sie sich echte Züge an. Sprechen Sie über richtiges Verhalten an Bahnübergängen.
- Sprechen Sie mit den Kindern über Modelleisenbahnen und bringen Sie Züge mit, die sich die Kinder ansehen können. Ermuntern Sie die Kinder, selbst eine Bahnstrecke aus Fußmatten zu legen, auf der ein Spielzeugzug fahren könnte.
- Laden Sie jemanden von der Bundesbahn ein, der den Kindern von seiner Arbeit erzählen kann.

## Lieder, Gedichte und Fingerspiele

**Eine kleine Dickmadam**
Eine kleine Dickmadam,
fuhr mal mit der Eisenbahn,
Eisenbahn, die krachte,
Dickmadam, die lachte!
Lachte bis ein Schutzmann kam
und sie mit zur Wache nahm!

**Rattatat**
Rattatat, rattatat,
rattert's auf den Gleisen.
Rattatat, rattatat,
wo woll' n wir hinreisen?

## Literatur

*Butschkow, Ralf:*
**Wir fahren mit der Eisenbahn. Berufe-Pappenbuch.**
Carlsen Verlag, 2003
ISBN 3-551-16637-4

*Erne, Andrea:*
**Die Eisenbahn. Wieso? Weshalb? Warum? Band 9.**
Ravensburger Buchverlag, 2005
ISBN 3-473-33300-X

*Golluch, Norbert; Kollars, Helmut:*
**Ich weiß was von der Eisenbahn.**
Annette Betz Verlag, 1998
ISBN 3-219-10729-X

*Mennen, Patricia; Metzger, Wolfgang:*
**Alles über die Eisenbahn. Wieso? Weshalb? Warum? Band 8.**
Ravensburger Buchverlag, 1999
ISBN 3-473-33279-8

*Nahrgang, Frauke:*
**Hier kommt die Eisenbahn. Vorlesegeschichten ab 2, ab 3 und ab 4 Jahren.**
Ravensburger Buchverlag, 2005
ISBN 3-473-33064-7

# Verreisen

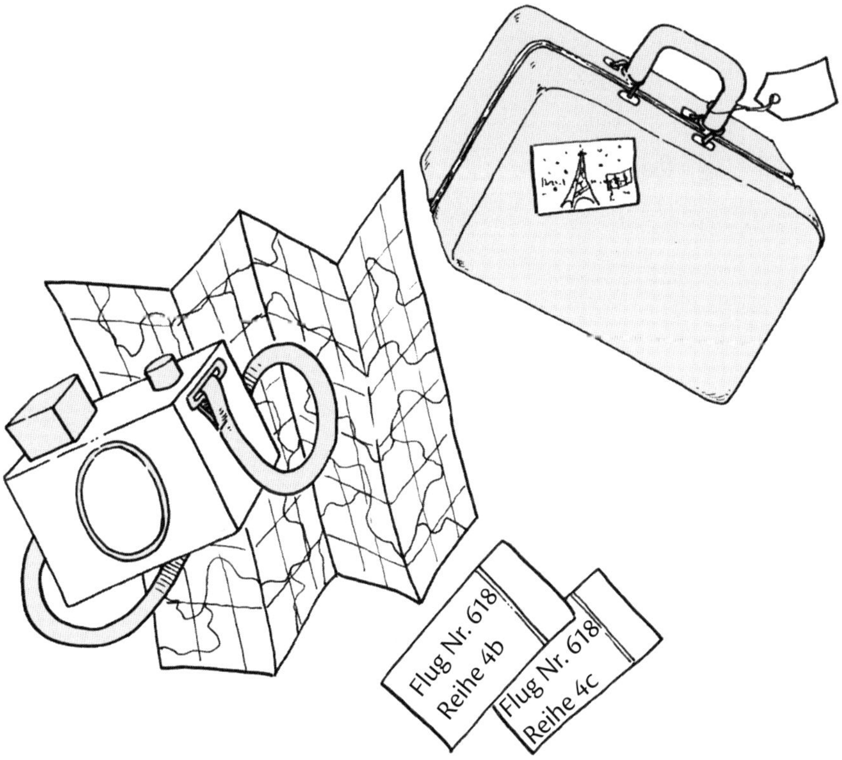


## Einsatzmöglichkeiten

**Bücher gemeinsam ansehen:**
Geben Sie Kindern die Möglichkeit, ihre Lieblingsbücher mitzubringen oder auszusuchen und sie anderen zu zeigen. Stellen Sie unterschiedliche Bücher zur Verfügung, darunter solche, deren Inhalt vorhersehbar und leicht zu merken ist. Auf diese Weise machen sich Kinder mit Büchern vertraut und gehen gern damit um. Es ist spannend, zu sehen, wie Kinder solche Bücher immer wieder lesen, alleine oder mit anderen Kindern, und den Inhalt immer wieder neu entdecken.

## Lernziele

**Die Kinder**
- erkennen die Funktion von Schrift, wenn sie Reiseprospekte ansehen.
- tun so, als würden sie während einer Reise Bücher lesen.
- befolgen Anweisungen.
- verwenden einen Gegenstand an Stelle eines anderen, wenn sie Symbole auf eine Landkarte malen.

## Schlüsselwörter

Gepäck – Koffer – kurz – Landkarte – lang – langsam – nah – reisen – Reisepass – Reiseplan – schnell – Urlaub – weit

## Materialien

Bücher – Fahrkarten – Gepäckanhänger – Kartons – Kameras – Kleider zum Verkleiden – Koffer – Landkarten – Lenkräder – Reiseprospekte – Spielgeld – Spielzeugvideokamera – Stühle

## Requisiten

- **Reisepass:** Schneiden Sie DIN-A5-Blätter zu. Oben auf das Blatt schreiben Sie „*Reisepass*" und bitten die Kinder, ihren Namen und ein gemaltes Selbstporträt hinzuzufügen.
- **Postkarte:** Schneiden Sie aus leichtem Karton Postkarten in DIN-A6 zu. Auf einer Seite ziehen Sie ein paar Linien für die Absender- und Empfänger-Anschriften. Bitten Sie die Kinder, auf die andere Seite Bilder von Sehenswürdigkeiten oder Urlaubsorten zu malen.

## Aufbau

Bauen Sie Reiserequisiten auf einer großen freien Fläche auf. Helfen Sie den Kindern, ein Auto, einen Bus oder ein Flugzeug aus großen Kartons, Stühlen und Lenkrädern zu bauen. Stellen Sie einen Tisch hin, an dem die Kinder Reisepässe, Fahrkarten und Gepäckanhänger ausfüllen können. Legen Sie Bücher aus, die die Kinder kennen und mit denen sie sich Warte- oder Reisezeiten vertreiben können.

## Impulsfragen

- Was würdest du auf deine Reise mitnehmen?
- Wohin würdest du reisen?

## Minibücher

**Kamera (Einzelbuch):** Machen Sie so viele Kopien von der Linsenvorlage auf Seite 186 im Anhang, dass jedes Kind sechs Kreise bekommt. Schneiden Sie sie aus. Legen Sie Malstifte und die sechs Kreise in wieder verschließbare Plastiktüten (für jedes Kind eine), bevor Sie zu einem Ausflug oder einer Wanderung aufbrechen. Bitten Sie die Kinder, auf die Kreise zu malen und zu schreiben, was sie unterwegs sehen. Nach Ihrer Rückkehr heften Sie die sechs Kreise an die Kameravorlage (Siehe Seite 186 im Anhang) und machen so ein Buch daraus. Die Kinder können sich ihre Bücher gegenseitig vorstellen.

## Zusatzaktivitäten

- Bitten Sie die Kinder, Landkarten mit Symbolen zu malen.
  Helfen Sie den Kindern, einen Reiseplan für ihre Reise zusammenzustellen. Lassen Sie sich von den Kindern erzählen, was sie vorhaben, und schreiben Sie es für sie auf.

➲ Für dieses Spiel setzen sich die Kinder im Kreis hin. Singen Sie: *„Wir machen eine Reise und was nehmen wir mit?"* Gehen Sie im Kreis herum und lassen Sie die Kinder nacheinander die Frage beantworten (z.B. eine Taschenlampe, eine Landkarte, Kekse usw.). Bei Bedarf können Sie mit den Kindern im Vorfeld Ideen sammeln, was man auf einer Reise mitnimmt.

## Lieder, Gedichte und Fingerspiele

**Fortbewegungsarten**
Autos in den Straßen
fahren hin und her,
fahren kreuz und quer,
Autos in den Straßen.

Flugzeuge in der Luft
fliegen hin und her,
fliegen kreuz und quer,
Flugzeuge in der Luft.

Boote auf den Meeren
segeln hin und her,
segeln kreuz und quer,
Boote auf den Meeren.

Züge auf den Schienen
rattern hin und her,
rattern kreuz und quer,
Züge auf den Schienen.

Komm, wir machen eine Reise,
pack die Tasche,
nimm den Pass,
komm, wir machen eine Reise.

## Literatur

*Coombs, Rachel; Harris, Nicolas u.a.:*
**Aufklappen und Entdecken – Spannendes auf Reisen.**
Junge Welt Buchverlag, 2005
ISBN 3-7302-1917-0

7

# Kunst, Musik und Sport

# Singen

## Einsatzmöglichkeiten

**Reime:**

Wenn Kinder singen und Lieder lernen, machen sie sich mit dem Klang von Wörtern vertraut. Wenn sie selbst Reime suchen, machen sie sich den Klang von Wörtern phonologisch bewusst. Wenn Kinder erst die Grundidee verstanden haben, dass reimende Wörter ähnlich klingen, lernen sie Wörter selbst zu erzeugen. Beim Reimen können Kinder unbekannte Wörter erkennen und anwenden, was ihnen wiederum beim Lesen und bei der Rechtschreibung hilft.

## Lernziele

**Die Kinder**

- lernen sich an eine Reihenfolge zu halten, wenn sie Liedertexte erinnern.
- folgen beim Singen Anweisungen.
- erweitern mit neuen Liedern ihren Wortschatz.
- verbessern ihr Hörvermögen, wenn sie zuhören und singen.
- erkennen Buchstaben.

## Schlüsselwörter

Chor – Direktor – Dur – hoch – langsam – laut – leise – Moll – Note – Oper – schnell – Sänger – Solo – tief – Tonhöhe

## Materialien

Blocks – Hintergrundmusik (z.B. ein Band mit bekannten Liedern) – Kleider zum Verkleiden – Liste zum Eintragen – Mikrophone – Noten – Notenblätter – Notenständer – Programme – Taktstöcke

## Requisiten

**Notenlinien (siehe Seite 180 im Anhang):** Machen Sie Kopien von dieser Seite und erklären Sie den Kindern, was Noten sind. Auf den Vorlagen können sie selbst „komponieren".

## Aufbau

Für diese Aktivität bieten sich zwei Abläufe an: Die Kinder tragen sich in eine Liste ein und treten nacheinander als Solokünstler auf der Bühne auf oder sie wechseln sich als Chormitglieder oder Chorleiter ab. Helfen Sie den Kindern auf einer ausgedehnten Freifläche eine Bühne zu bauen. Ermuntern Sie sie, Stühle für das Publikum aufzustellen und Programme zu schreiben, in denen die Namen der Kinder stehen. Dann ziehen sich die Kinder für die Vorstellung um. Spielen Sie eine CD mit bekannten Liedern ab, zu der die Kinder singen, oder lassen Sie sie selbst Lieder erfinden. Ermuntern Sie sie, auf ihren Notenlinien Melodien zu komponieren.

## Impulsfragen

- Wie fühlst du dich, wenn du dieses Lied hörst?
- Klingt das hoch oder tief?
- Magst du lieber schnelle oder langsame Lieder?
- Fallen dir Tiere oder andere Lebewesen ein, die auf ihre Weise „singen"?

## Minibücher

**ABC für's Klavier (Einzelbuch):** Machen Sie Kopien von den Klaviertasten (Seite 187 im Anhang), so dass jedes Kind beide Seiten bekommt. Bitten Sie die Kinder sich Wörter auszudenken, die mit den Buchstaben auf den Tasten beginnen. Zu diesen Wörtern sollen sie anschließend Reimwörter finden, z.B. Arm, warm oder Dose, Rose. Bitten Sie die Kinder, die Wörter auf die entsprechenden Tasten zu schreiben und Bilder dazuzumalen. Dann befestigen Sie die Seiten mit Klebeband aneinander und falten die Tasten wie ein Leporello in Ziehharmonikaform. Jede Klaviertaste stellt eine Seite des Leporellos dar.

## Zusatzaktivitäten

- Fertigen Sie eine Notenlinie mit beweglichen Noten an, mit denen die Kinder experimentieren können. Erklären Sie ihnen, was Noten sind und wie sie Musik beeinflussen. Erklären Sie den Kindern die Tonleiter: C, D, E, F, G, A, H. Erklären Sie auch die Bedeutung der „Tonhöhe" und helfen Sie ihnen, zwischen hohen und tiefen Tönen zu unterscheiden.

- Veranstalten Sie ein kleines Konzert, das die Kinder für Eltern und Geschwister geben und für das sie auch die Programmhefte anfertigen.
- Klatschen Sie die Silben in den Namen der Kinder und singen Sie dazu.

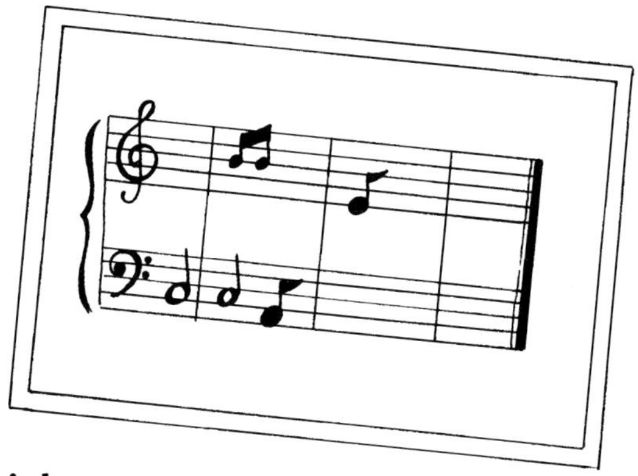

## Lieder, Gedichte und Fingerspiele

**Mein Hut, der hat drei Ecken**
Mein Hut, der hat drei Ecken,
drei Ecken hat mein Hut.
Und hat er nicht drei Ecken,
dann ist es nicht mein Hut.

**Bruder Jakob**
Bruder Jakob, Bruder Jakob,
schläfst du noch, schläfst du noch?
Hörst du nicht die Glocken,
hörst du nicht die Glocken?
Ding, dang, dong,
ding, dang, dong,

## Literatur

*McKee, David:*
**Elmar macht Musik.**
(Mit 16 Tonmodulen und auswechselbarer Batterie.)
Thienemann Verlag, 2001
ISBN 3-522-43373-4

*Schneider, Liane;*
*Wenzel-Bürger, Eva:*
**Conni macht Musik.**
**Lesemaus, Band 21.**
Carlsen Verlag, 2000
ISBN 3-551-08821-7

# In der Kunstausstellung

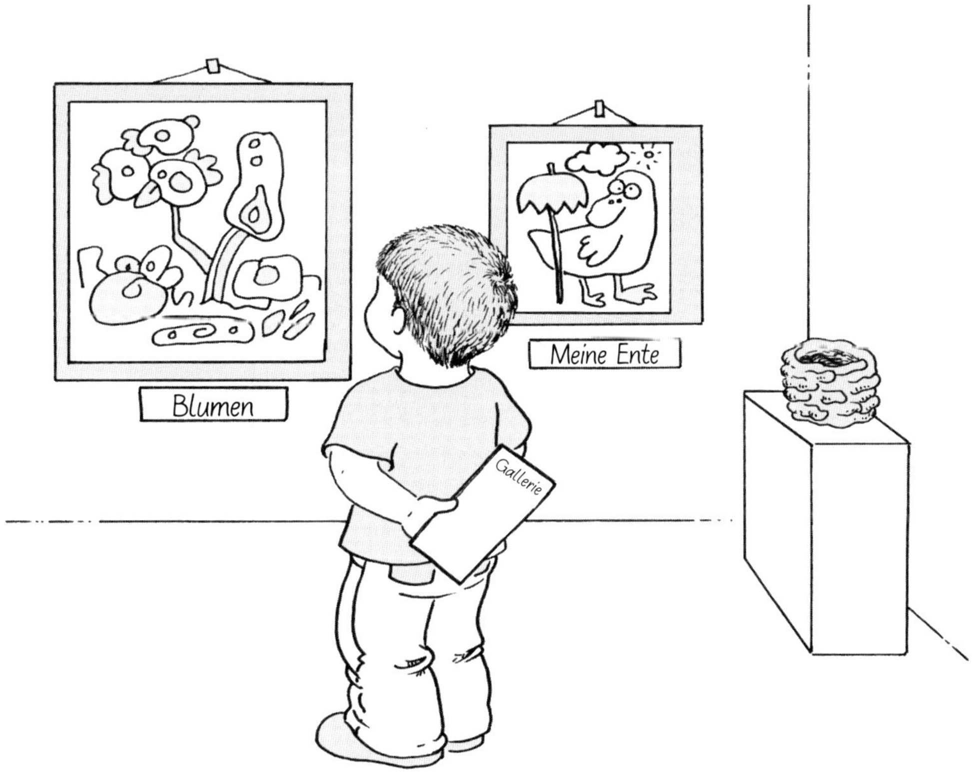


## Einsatzmöglichkeiten

**Gesprochene Sprache zu verschriftlichen, fördert die Kreativität:** Kinder sind meist begeistert von ihren selbst gemalten Bildern und wollen mit anderen darüber sprechen. Was Kinder mündlich über ihre Kunstwerke mitteilen, können sie auch einem Erwachsenen diktieren oder selbst aufschreiben. Wenn Kinder selbst etwas schaffen und ihre Kreation beschreiben und betiteln, entwickeln sie Selbstvertrauen. Wichtig ist, dass Sie die Kinder nicht bevormunden und ihnen vorgeben, was sie schreiben sollen („*Du hast ein Bild mit schönen Blumen gemalt, warum nennst du es nicht das Blumenbild?*"). Das hemmt ihre Kreativität. Schreiben Sie nur das auf, was Ihnen die Kinder diktieren.

## Lernziele

**Die Kinder**

- beginnen, mit Hilfe von Erwachsenen Wörter zu schreiben.
- beginnen mit dem kreativen Schreiben.

## Schlüsselwörter

Dunkel – Farbe – Farbton – Fläche – Form – gedeckt – Größe – hell – kräftig – Kontrast – Kunst – Linie – Muster

## Materialien

Bänder – Bastelmaterialien – Beurteilungsliste – Eintrittskarten – Farbe – Farbstifte – Karten für die Bildtitel – Klemmbretter – Knete – Kreide – Paletten aus Pappe – Papier – Spruchband – Urkunden – Wasserfarben

## Requisiten

- **Karten für Bildtitel:** Verzieren Sie Karteikarten mit Musterrändern und schreiben Sie *„Titel des Kunstwerks"* an den oberen Rand. Die Kinder können den Titel ihres Bildes daraufschreiben.
- **Medaille:** Gestalten Sie eine Trophäe oder eine Medaille und schreiben Sie *„Preis für ..."* oben an den Rand. Machen Sie ein paar Kopien und schneiden Sie die Umrisse aus. Die Preisrichter können den Namen des Preisträgers daraufschreiben und den Grund für die Preisverleihung vermerken (die hübscheste Blume, das originellste Bild usw.).

## Aufbau

Bevor die Kinder sich eine Kunstausstellung aufbauen, sollten sie erfahren, was eine solche Ausstellung ist. Wenn möglich, sollten Sie vorab eine Ausstellung mit ihnen besuchen.
Sammeln Sie die Bilder der Kinder ein, wenn sie sie signiert und betitelt haben. Befestigen Sie sie auf Plakatkarton und hängen Sie sie im Raum oder im Flur auf. Ermuntern Sie die Kinder, Spruchbänder zu gestalten, die als Ankündigung und Werbung für die Ausstellung dienen. Die Kinder übernehmen abwechselnd die Rolle der Preisrichter für die Bewertung der Bilder. Besprechen Sie einige grundlegende Regeln mit ihnen, bevor sie die Bilder bewerten und machen Sie ihnen klar, dass sie nur positive Äußerungen über die Bilder machen dürfen. Jeweils zwei Kinder arbeiten als Richter zusammen. Bitten Sie sie, einige Bilder zu bewerten. Auf diese Weise kommen alle an die Reihe. Händigen Sie den

Preisrichtern Klemmbretter aus, auf denen sie ihre Beurteilungen notieren können. Die Kinder können sich Preise für alle Bilder ausdenken, z.B. das grünste Bild, die schönste Blume, das Regenbogenbild usw.

## Impulsfragen

- Was macht dieses Bild so besonders?
- Kannst du mir etwas über dein Bild erzählen?
- Was ist anders an diesem Bild?
- Was magst du besonders an diesem Bild?

## Minibücher

**Gefühle (Einzelbuch):** Schreiben Sie auf mehrere Blätter: *„Wenn ich ... (eine Farbe) sehe, fühle ich mich ...“* Kopieren Sie für jedes Kind eine ganze Reihe dieser Vorlagen. Bitten Sie die Kinder zu beschreiben, welche Gefühle bestimmte Farben in ihnen hervorrufen. Reagieren Sie auf alle Antworten positiv – Gefühle sind etwas sehr Persönliches und können leicht verletzt werden. Schreiben Sie die Aussagen der Kinder auf die Seiten und lassen Sie die Seiten durch die Kinder bemalen. Möglicherweise ist es angebracht, sich pro Tag auf nur eine Seite zu konzentrieren, so dass Sie insgesamt mehr Zeit haben, über Gefühle zu sprechen. Wenn Kinder ermutigt werden, ihre Gefühle zu äußern, und sie sehen, dass ihre Aussagen niedergeschrieben werden, hilft es ihrem Selbstwertgefühl. Ihr wachsendes Selbstvertrauen wirkt sich auch positiv auf ihre Kreativität aus.

## Zusatzaktivitäten

- Erklären Sie den Kindern verschiedene Maltechniken, z.B. Wasserfarben, Öl, Bleistiftzeichnungen usw. Zeigen Sie ihnen unterschiedliche Gemälde mit diesen Techniken.
- Laden Sie einen Künstler in die Gruppe ein, der von seiner Arbeit erzählen kann. Viele Künstler bieten auch Malkurse für Kinder in ihren Ateliers an.

## Lieder, Gedichte und Fingerspiele

**Grün, grün, grün sind alle meine Kleider**
Grün, grün, grün sind alle meine Kleider,
grün, grün, grün ist alles, was ich hab.
Darum lieb ich alles, was so grün ist,
weil mein Schatz ein Jäger ist.

**rot** – Reiter
**blau** – Matrose
**schwarz** – Schornsteinfeger
**weiß** – Müller
**bunt** – Maler

## Literatur

*Bauer, Jutta:*
**Die Königin der Farben. Minimax**
Beltz, 2005
ISBN 3-407-76026-4

**Duden: Kennst Du das? Die Farben.**
Brockhaus Verlag, 2003
ISBN 3-411-70971-5

*Heller, Eva:*
**Die wahre Geschichte von allen Farben.**
Lappan Verlag, 1994
ISBN 3-89082-129-4

*Müller, Bärbel:*
**Max und Mini lernen die Farben.**
Edition Bücherbär, 2005
ISBN 3-401-08703-7

# Olympiade

## Einsatzmöglichkeiten

**Mit Zeichen Informationen festhalten:**
Kinder finden es oft sehr spannend, in selbst gestalteten Büchern die ihnen wichtigen Informationen festzuhalten. Bücher motivieren auch ansonsten wenig schreibfreudige Kinder zum Schreiben. Für manche Kinder sind dies die ersten Schreibversuche. Es wichtig, dass Kinder die Gelegenheit haben, in einem geschützten und sicheren Bereich die ersten Schreibversuche zu unternehmen.

## Lernziele

**Die Kinder**
- üben zu schreiben, wenn sie in Notizbüchern Informationen festhalten.
- erkennen und schreiben ihren Namen auf Urkunden und Ergebnislisten.
- verstehen die Bedeutung von Schrift, wenn sie die Schilder für die verschiedenen Disziplinen anfertigen und lesen.

## Schlüsselwörter

Ausdauer – Bewegung – kurz – lang – nah – Olympiade – Sportart – sportliches Verhalten – Start – Veranstaltung – weit – Ziel

## Materialien

Hürden (bodennah) – Maßband – Pappteller (für Diskuswerfen) – Sandhaufen (für Weitsprung) – Schilder für die Disziplinen – Stöcke (für Speerwerfen) – Stoppuhren – Urkunden

## Requisiten

- **Preise:** Gestalten Sie eine Medaille mit einem blauen Band und schreiben Sie *„Medaille bei der Kinderolympiade"* darauf. Lassen Sie Platz für Namen und Disziplin.

## Aufbau

Bauen Sie die Aufbauten für die verschiedenen Leichtathletikdisziplinen auf dem Spielplatz, im Park oder auf einem Feld mit einem Weg auf. Markieren Sie die Orte für die unterschiedlichen Disziplinen mit Schildern. Zu den Disziplinen könnten Diskuswerfen (mit Papptellern), Weitsprung (Maßband, kleine Markierungsfahnen, Harke, Sand), Speerwerfen (langer Stock, Maßband, Markierungskegel), 100-m-Lauf und Hürdenlauf (kleine Kisten) gehören. Ermuntern Sie die Kinder, ihre Ergebnisse selbst in Notizbüchern (siehe „Minibücher") festzuhalten.

## Impulsfragen

- Bei welcher Disziplin möchtest du mitmachen?
- Welche Ziele hast du?
- Wie kannst du sie erreichen?

## Minibücher

**Kinderolympiade (Einzelbuch):** Teilen Sie ein Blatt Papier durch einen Längs- und einen Querstrich in vier Abschnitte ein. Wiederholen Sie es auf einem weiteren Blatt, damit Sie acht Abschnitte haben. Auf jeden der Abschnitte schreiben Sie eine der folgenden Zeilen:

**Mein Rekordbuch! Von ...**
*Ich kann die Kugel ... m weit stoßen.*
*Ich kann den Diskus ... m weit werfen.*
*Ich kann den Speer ... m weit werfen.*
*Ich kann ... Treppenstufen hochsteigen.*
*Ich kann ... m weit springen.*
*Ich kann ... m weit laufen.*
*Ich kann über ... Hürden springen.*

Fertigen Sie so viele Kopien an, dass jedes Kind ein 8-seitiges Buch erhält. Heften Sie die Seiten zusammen. In diesen Büchern können die Kinder ihre sportlichen Leistungen festhalten. Ermuntern Sie die Kinder, so zu schreiben, wie es ihrem Entwicklungsstand entspricht. Auch Zeichen als Annäherung an Buchstaben sollten gewertet werden. Bitten Sie die Kinder, die Blätter zu illustrieren.

## Zusatzaktivitäten

- Zeigen Sie den Kindern Flaggen aus verschiedenen Ländern und erklären Sie, dass sie bei einer Olympiade eine wichtige Rolle spielen.
- Sprechen Sie darüber, wie Olympiateilnehmer trainieren müssen. Lassen Sie die Kinder eigene Trainingspläne zusammenstellen. Dabei listen sie verschiedene Übungen und Aktivitäten in einer Tabelle auf. Ermuntern Sie sie, ihre eigenen Fortschritte festzuhalten.

## Lieder, Gedichte und Fingerspiele

**Olympia**
Olympia ist Sport und Spiel.
Dabei zu sein, das ist das Ziel.

## Literatur

*Toedt, Klaus; Rübel, Doris:*
**Rund um den Sport. Wieso? Weshalb? Warum?**
**Band 26, Spiel, Sport, Olympia**
Ravensburger Buchverlag, 2004
ISBN 3-473-33294-1

# Im Theater

## Einsatzmöglichkeiten

**Eine Geschichte wiedergeben:**
Eine Geschichte wiederzugeben hilft Kindern, grundlegende erzählerische Elemente zu erkennen, und das wiederum ist sehr wichtig für das Leseverständnis. Wenn Kinder eine Geschichte szenisch umsetzen, gewinnen sie einen Einblick in ihren Aufbau. Sie begreifen, dass Erzählungen eine Struktur aufweisen und sie einen Anfang, einen Hauptteil und ein Ende haben. Ermuntern Sie die Kinder, über ihre Lieblingsrollen in Geschichten zu sprechen, zu antizipieren, was wohl als Nächstes passiert, und ihre Meinung zur Geschichte zu formulieren. Diese Aktivität fördert die Wertschätzung und Liebe zu Büchern und hilft den Kindern, den Wert des Lesens zu erkennen.

## Lernziele

**Die Kinder**
- tun, als würden sie ein Buch lesen, wenn sie es in Form eines Rollenspiels szenisch umsetzen.
- entwickeln Fähigkeiten, die das Leseverständnis fördern, wenn sie Bücher in Form eines Rollenspiels umsetzen.
- sind in der Lage, die Ereignisse in dem Buch, das sie umsetzen, in einer bestimmten Reihenfolge anzuordnen.
- erfahren Bücher als etwas Wertvolles und werden zum Lesen motiviert.

## Schlüsselwörter

als Nächstes – Anfang – Aufführung – bevor – Bühnenbild – Figuren–Hauptteil – nachdem – Publikum – Regisseur – Requisiten – Schauspieler – Schluss –Skript – Stück – Szene

## Materialien

Kostüme – mehrere Exemplare desselben Buches – Puppentheater oder Kartons – Requisiten, die zum Buch passen – Schilder – Stühle

## Aufbau

Wählen Sie ein bekanntes Buch mit einer unkomplizierten Handlung aus, z.B. „Goldlöckchen und die drei Bären" oder „Wo die wilden Kerle wohnen" von Maurice Sendak. Lesen Sie den Kindern die Geschichte ein paar Mal vor und lassen Sie die Kinder selbst darin lesen, wenn sie dies schon leisten können. Wenn es das erste Mal ist, dass die Kinder ein Buch zu einem Rollenspiel „umarbeiten", zeigen Sie ihnen zunächst, wie sie dies angehen können. Sie könnten z.B. den Kindern ein Puppenspiel vorspielen, das auf dem ausgewählten Buch basiert. Lassen Sie die verschiedenen Figuren in der Geschichte agieren und machen Sie den Kindern vor, wie man unterschiedliche Stimmen einsetzt und ausdrucksvoll spricht. Wenn die Kinder mit der Handlung vertraut sind, sind sie soweit, dass sie selbst ein Stück entwickeln können. Ermuntern Sie sie, verschiedene Rollen aus der Geschichte zu übernehmen. Stellen Sie ihnen Requisiten und Kostüme zur Verfügung und lassen Sie sie ein Bühnenbild gestalten, wenn sie möchten. Achten Sie darauf, dass das Buch selbst zu den Requisiten gehört, und regen Sie an, dass eines der Kinder die Rolle des Erzählers übernimmt, während die anderen die Geschichte szenisch umsetzen. Diese Umsetzung kann auch mit Hilfe von Handpuppen geschehen. Verwenden Sie ein Puppentheater als Bühne oder bauen Sie eine Bühne aus großen Kartons und stellen Sie Stühle für das Publikum auf. Helfen Sie den Kindern, Flyer, Eintrittskarten und Programmhefte für ihre Vorstellung zu gestalten. Die Kinder sollten sich als Schauspieler und Publikum abwechseln. Diese Übung können Sie aufwändig oder auch sehr einfach gestalten. Wenn die Kinder mögen, können sie ihr Stück vor einer anderen Klasse oder vor ihren Eltern aufführen.

## Impulsfragen

- Was passiert in eurem Stück?
- Wie beginnt euer Stück?
- Wie hört es auf?
- Was sagen die Figuren?
- Welche Kostüme braucht ihr?
- Wie sollte euer Bühnenbild aussehen?

## Minibücher

**Rollenbuch (Gruppenbuch):** Basteln Sie zunächst einen Rollenkasten. Dafür benötigen Sie einen großen Karton, eine Schere oder ein Cuttermesser und zwei runde Holzstäbe. Schneiden Sie aus dem Karton den eine große Öffnung (wie einen Bildschirm) aus, lassen Sie aber

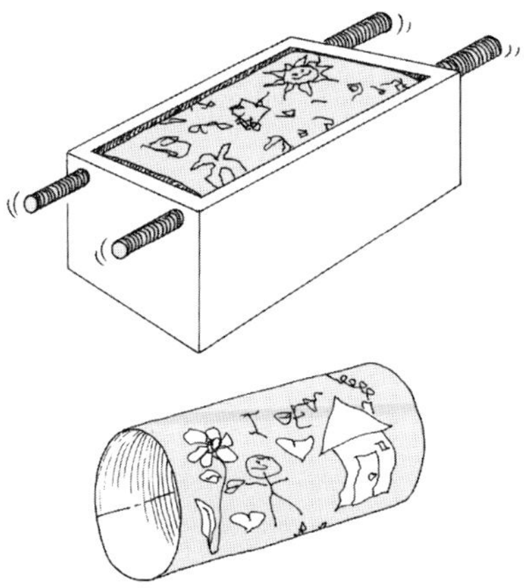

einen etwa 2,5 cm breiten Rand stehen. Machen Sie an Ober- und Unterseite des Kartons jeweils zwei Löcher mit demselben Durchmesser wie die Holzstäbe. Schieben Sie die Stäbe durch die Löcher. Geben Sie den Kindern eine Papierrolle und regen Sie an, dass sie ihre Geschichte darauf schreiben und illustrieren. Befestigen Sie das Papier an den Holzstäben und lassen Sie die Kinder die Geschichte „abspielen". Dann geben Sie ihnen Gelegenheit, sich die Geschichte gegenseitig zu erzählen.

## Zusatzaktivitäten

- Helfen Sie den Kindern, die Requisiten und das Bühnenbild für das Stück herzustellen. Lassen Sie die Kinder dazu in Gruppen arbeiten oder teilen Sie ihnen Aufgaben zu.
- Besuchen Sie mit den Kindern eine Theatervorstellung. Verabreden Sie nach Möglichkeit einen Zeitpunkt, um hinter die Kulissen zu schauen, mit den Schauspielern zu sprechen und die Requisiten, die Kostüme und die Bühnenausstattung zu sehen.
- Ermuntern Sie die Kinder, selbst ein Skript zu schreiben.

## Lieder, Gedichte und Fingerspiele

**Eine Theatervorstellung**
Es wird ruhig im Saal, auf den Rängen oben,
der Vorhang wird in die Höhe gehoben.

Die Bühne liegt in nächtlichem Dunkel,
man hört nur Raunen und Gemunkel.

Da: Über die Bühne, grimmig und schnell,
huscht der Schurke, ein finstrer Gesell.

Die Heldin muss um ihr Leben bangen,
doch der starke Held kann den Schurken fangen.

Das Publikum klatscht begeistert Applaus,
der Vorhang senkt sich, das Theater ist aus.

## Literatur

*Delafosse, Claude:*
**Licht an. Kino, Tanz, Theater. Meyer.**
**Die kleine Kinderbibliothek, Band 17**
Brockhaus Verlag, 2003
ISBN 3-411-09243-2

8

# Lesen, schreiben und sprechen

# Zeitung

## Einsatzmöglichkeiten

**Relevante Informationen sammeln:**
Wenn Kinder Informationen sammeln, die für ihre eigene Zeitung relevant sind, motiviert sie das zu schreiben. Ein Kind, das sich z.B. für Sport oder Wetter interessiert, wird versuchen, für dieses Zeitungsressort Informationen zu finden. Bei der folgenden Übung lernen Kinder, ihre Gedanken zu strukturieren und sie niederzuschreiben. Sie können diese Gelegenheit nutzen, die Kinder zum Schreiben zu motivieren, wenn Sie sich die Texte von ihnen diktieren lassen. Auf diese Weise erkennen die Kinder, dass Schrift bedeutungstragend ist und dass man adressatengerecht schreiben sollte. Wenn Kinder ihr fertiges Produkt sehen und lesen, motiviert sie diese Erfahrung dazu, selbst zu Lesern und Schreibern zu werden – ein wesentliches und spannendes Element auf dem Weg zum Schriftspracherwerb.

## Lernziele

**Die Kinder**

- erkennen, dass man Wörter schreiben kann, wenn sie ihre Texte einem Erwachsenen diktieren.
- erkennen, dass Schrift bedeutungstragend ist, wenn sie eine Zeitung gestalten.
- verstehen, dass Bücher als Informationsquellen genutzt werden können.

## Schlüsselwörter

Anzeige – Artikel – Bericht – berichten – Fotograf – Interview – recherchieren – Reporter – Thema – Zeitung

## Materialien

alte Computertastaturen – alte Fotoapparate – Klemmbretter – Papier – Stifte – Telefone – Zeitungen

## Aufbau

Helfen Sie den Kindern den Aufbau und die Funktion einer Zeitung zu verstehen. Darauf aufbauend sollen die Kinder bei der folgenden Übung später selbst eine Zeitung gestalten. Teilen Sie die Kinder dazu in Gruppen ein. Zu jeder Gruppe sollte ein Erwachsener gehören. (Bitten Sie Eltern Ihnen auszuhelfen.) Teilen Sie jeder Gruppe ein Thema zu, das dem jeweiligen Ressort einer Zeitung entspricht, z.B. Sport, Wetter, Bildung, Umwelt, Gesellschaft oder Lieblingsbücher. Teilen Sie Klemmbretter aus, auf denen die Kinder ihre Notizen festhalten können sowie Kameras zum Fotografieren. Die Kinder können aufmalen, was sie zu ihrem Thema „fotografiert" haben, und diktieren ihre Texte dem Erwachsenen, der zu ihrer Gruppe gehört. Um für das jeweilige Thema zu recherchieren, können die Kinder mit ihrer Begleitperson oder mit Ihnen Exkursionen unternehmen, um z.B. Personen zu interviewen. Die Ergebnisse der Recherchen können die Kinder anschließend mit Hilfe der Erwachsenen niederschreiben. Nach einer behutsamen Überarbeitung durch den Pädagogen werden die Berichte und Artikel zu einer Zeitung arrangiert. Er sammelt die Berichte ein und fertigt Kopien davon an. Die Kinder können ihre Zeitung an ihre Eltern, andere Gruppen, Klassen oder Erzieher usw. verteilen.

## Impulsfragen

- Was ist eine Zeitung?
- Wozu braucht man Zeitungen?
- Was genau kann man in einer Zeitung nachlesen?
- Wie macht man eine Zeitung?
- Wovon willst du in unserer Zeitung berichten?
- Wo kannst du die nötigen Informationen dazu herbekommen?

## Minibücher

**Zeitung (Gruppenbuch):** Fertigen Sie nach der Vorlage im Anhang (Seite 186) eine Wochenzeitung mit der Klasse an. Nach einigen Wochen können Sie alle Ausgaben zu einem Buch zusammenfügen. Die Informationen immer wieder zu lesen, die sie gesammelt haben, ist für Kinder eine sehr motivierende Erfahrung.

## Zusatzaktivitäten

- Veranstalten Sie eine „Baum-Party", bei der Sie einen Baum auf dem Spielgelände pflanzen. Regen Sie an, dass die Kinder Einladungen zu diesem Ereignis schreiben und anschließend in Form eines Artikels über das Ereignis berichten. Natürlich können Sie jedes andere freudige Ereignis mit einer Party verbinden und die Kinder animieren, darüber zu schreiben.

## Lieder, Gedichte und Fingerspiele

**Zeitungen I**
*(nach der Melodie von „Grün, grün, grün")*

Schwarz und weiß ist uns're Tageszeitung,
schwarz die Schrift und weiß ist das Papier.
Nur die Bilder, die sind meistens farbig,
sieh nur her, ich zeig es dir.

**Zeitungen II**
Ein Reporter schreibt Berichte
für die Zeitung in der Stadt
und berichtet über alles,
was sich dort ereignet hat.

Der Fotograf macht dazu Bilder,
er ist immer dicht dabei.
Und sind Text und Bilder fertig,
geh´n sie in die Druckerei.

Dort wird eine Druckmaschine
spät am Abend eingeschaltet.
Am Ende kommt die Zeitung raus,
frisch gedruckt und schön gefaltet.

Der Zeitungsbote steht früh auf,
meist in der halben Nacht,
und wir bekommen unsre Zeitung
bis an die Tür gebracht.

## Literatur

*Kunnas, Mauri:*
**Die Zeitungsmacher.**
**Wie eine Zeitung entsteht.**
Oetinger Verlag, 1992
ISBN 3-7891-6758-4

# Auf dem Postamt

## Einsatzmöglichkeiten

**Eigene Schreibweisen:**
Es ist wichtig, jegliche Schreibversuche der Kinder zu unterstützen, auch wenn sie rechtschriftlich nicht korrekt sind. Lehrer befürchten jedoch häufig, dass sich Kinder Fehler angewöhnen und nicht zur korrekten Schreibung finden, wenn sie die eigenen Schreibweisen der Kinder akzeptieren. Solche Befürchtungen sind grundlos. Mit wachsender phonologischer Bewusstheit verbessert sich auch die Rechtschreibung der Kinder. Bei der folgenden Übung schreiben sich die Kinder gegenseitig Briefe und probieren auf diese Weise eigene Schreibweisen von Wörtern.

## Lernziele

**Die Kinder**
- erkennen den Unterschied zwischen Schrift und Bildern, wenn sie Briefe an ihre Freunde schreiben.
- erkennen Wörter und Buchstaben wieder, wenn sie Briefe sortieren und Briefe an ihre Freunde schreiben.

## Schlüsselwörter

Absender – Adresse – austeilen – Brief – Briefmarke – Briefumschlag – Briefkasten – Empfänger – Karte – Päckchen – Postamt – Postbeamter – Postbote – Postkasten – sortieren – zustellen

## Materialien

Briefmarken (von gebrauchten Briefumschlägen ablösen oder Imitate benutzen) – Briefpapier – Briefumschläge – Buch mit Adressen der Klasse – Klebeetiketten für Adressen – Namensschildchen – Päckchen und gepolsterte Briefumschläge – Postkästen (siehe unten) – Postsäcke – Postuniformjacken und -hüte (selbst gefertigt) – Schilder mit der Aufschrift *„Geschlossen"* und *„Geöffnet"* – Papier – Sortierfächer – Spielgeld – Stifte

## Requisiten

- **Beispiel:** Schreiben und drucken Sie einen Beispielbrief, mit Datum, Adresse, Anrede, Brieftext und Grußformel. Bitten Sie die Kinder, ihn als Vorlage für ihre eigenen Briefe zu verwenden.

## Aufbau

Legen Sie die Requisiten in der Rollenspielecke aus. Ermuntern Sie die Kinder, sich gegenseitig Briefe zu schreiben. Denken Sie daran, Namenskärtchen für die Kinder anzufertigen. Auf Nachfrage helfen Sie den Kindern mit der Schreibweise einzelner Wörter. Basteln Sie für jedes Kind einen Postkasten. Dafür rollen Sie ein Blatt festes Papier auf und kleben es zu einer Röhre zusammen. Dann flachen Sie die Röhre an einer Seite ab, so dass sie einen Boden bekommt. Befestigen Sie die Namen der Kinder an den Postkästen und lassen Sie sie ihren Kasten suchen, um ihre Post abzuholen. (Sie können zu diesem Zweck auch Schuhkartons verwenden, in deren Deckel Sie einen Schlitz schneiden.) Helfen Sie den Kindern mit den verschiedenen Aufgaben in einem Postamt, z.B. dem Verkauf von Briefmarken und dem Austragen von Briefen.

## Impulsfragen

- An wen schreibst du?
- Was möchtest du schreiben?

## Minibücher

**Briefe (Einzelbuch):** Sprechen Sie mit den Kindern über das Briefeschreiben. Kleben Sie Briefumschläge auf Papier, geben Sie jedem Kind ein paar Blätter unbeschriebenes Papier und einige Umschläge. Bitten Sie die Kinder, Briefe an Leute zu schreiben und sie in die Umschläge zu stecken. Ermuntern Sie die Kinder, selbst Schreibweisen für die Wörter zu finden, die sie benutzen möchten. Heften Sie die Einzelseiten zu einem Buch zusammen.

## Zusatzaktivitäten

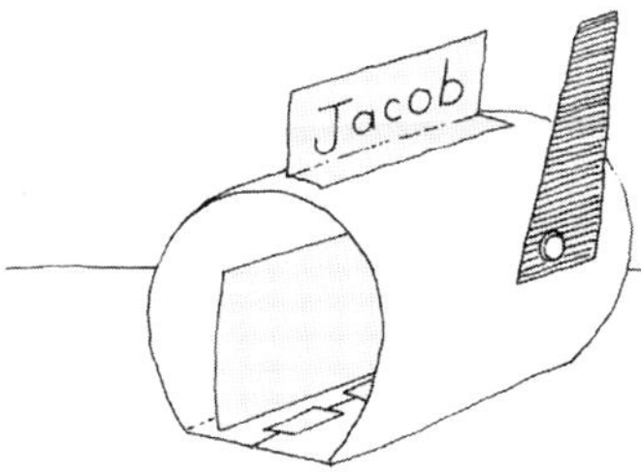


- Unternehmen Sie einen Ausflug in ein Postamt. Bringen Sie etwas über die unterschiedlichen Aufgaben in Erfahrung, die Postbedienstete haben, und darüber, wie die Post ausgetragen wird. Alternativ können Sie auch einen Postboten in Ihre Gruppe einladen.
- Bitten Sie die Kinder, jemandem einen Brief zu schreiben und ihn dann zum Briefkasten zu bringen. Lassen Sie sie selbst Briefmarken kaufen.
- Veranstalten Sie eine Briefkastenschnitzeljagd. Machen Sie einen Spaziergang durch Ihr Viertel und suchen Sie mit den Kindern zusammen alle dort angebrachten Briefkästen.

## Lieder, Gedichte und Fingerspiele

**Ein Brief**
*(nach der Melodie von „Auf unsrer Wiese gehet was")*

Ich schreibe einen Brief an dich,
denn bald ist dein Geburtstag.
Dann falte ich ihn ordentlich
und schieb ihn in den Umschlag.

Dann schreib ich deine Anschrift drauf,
kleb auch eine Marke auf
und steck ihn in den Kasten.

Auf der Computertastatur
kann ich auch E-Mails schreiben
und zum Verschicken kann ich schön
zu Hause sitzen bleiben.

Einmal mit der Maus geklickt
und schon wird die Mail verschickt
und du kannst sie lesen.

**Ein ganz besonderer Brief**
Einen ganz besonderen Brief hab ich heut geschrieben,
ich muss ihn nur noch in den Umschlag schieben.

Der besondere Brief ist für eine besondere Person.
Errätst du, wen ich meine, oder weißt du's schon?

## Literatur

*Golluch, Norbert:*
**Unterwegs mit der Post.**
Annette Betz Verlag, 2005
ISBN 3-219-11209-9

*Landa, Norbert; Rius; Roser:*
**So geht das bei der Post!**
Kerle Verlag, 2001
ISBN 3-451-70372-6

# In der Bücherei

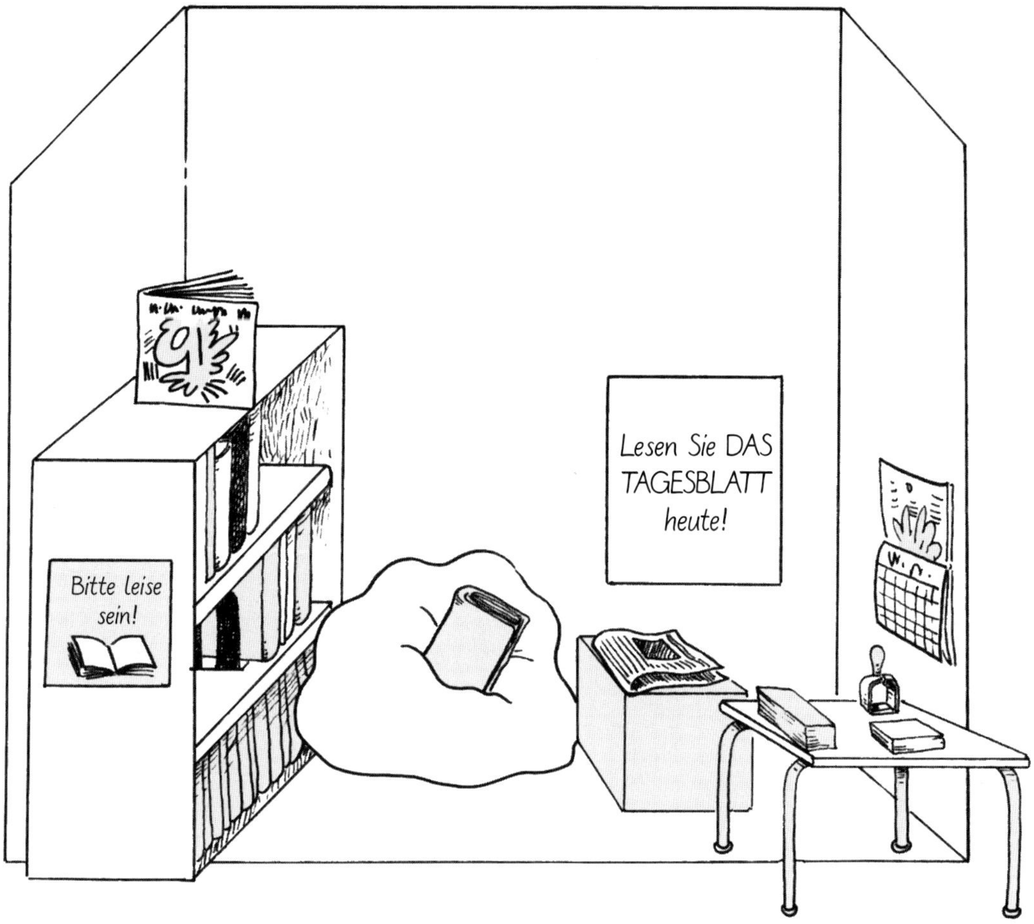


## Einsatzmöglichkeiten

**Mit Büchern umgehen:**
Um Kinder zum Lesen zu motivieren, ist es wichtig, ihnen auch den angemessenen und respektvollen Umgang mit Büchern nahe zu bringen sowie auch die Entstehung und den Aufbau von Büchern zu vermitteln. Die Bücherei ist einer der Orte, an denen die Kinder dieses Wissen erwerben können. Kinder sollten in der Lage sein, den Aufbau einer Geschichte bzw. eines Buches zu verstehen und nächstfolgende Ereignisse in der Handlung antizipieren können. Sie sollten auch wissen, was ein Buch ausmacht, aus welchen wesentlichen Teilen es besteht und zu welchen Themen Bücher verfasst werden.

## Lernziele

**Die Kinder**
- imitieren das Lesen und Schreiben.
- lernen, dass unsere Schrift von links nach rechts verläuft und Bücher von vorne nach hinten gelesen werden.
- lernen, was ein Autor und ein Illustrator sind.
- benennen die Bestandteile eines Buches, z.B. Seiten, Kapitel, Titel, Einband, Buchdeckel, Illustrationen, Impressum etc.

## Schlüsselwörter

Ausleihen – Bücherei / Bibliothek – Bibliothekar – Bibliotheksausweis – Bücher – fällig – Geschichten – Katalog – lesen – Märchen – Romane – Sachbücher – Zeitschriften – Zeitungen

## Materialien

Bücher – Bücherregale – Ausleihkarten – Datumsstempel – Kalender – Kartons – Lesezeichen – Schilder mit der Aufschrift „*Geöffnet*" und „*Geschlossen*" – Buch-Plakate – Sitzkissen – Stempelkissen – Zeitschriften – Zeitungen

## Requisiten

- **Bibliotheksausweise:** Schneiden Sie diese Ausweise aus festem Papier zu. Schreiben Sie den Namen Ihrer Schule und Ihrer Bibliothek darauf. Lassen Sie Platz für den Namen des jeweiligen Kindes.
- **Ausleihkarten:** Nehmen Sie eine Karteikarte im Längsformat und schreiben Sie den Namen Ihrer Schule und Ihrer Bibliothek oben an den Rand. Darunter schreiben Sie „*Datum*". Unterteilen Sie die Karte in zwei Spalten. Darin können die Kinder das Rückgabedatum eintragen.
- **Bücherwurm:** Bitten Sie die Kinder festzuhalten, welche Bücher sie mit ihren Eltern im Laufe der Woche lesen. Notieren Sie die Titel auf farbigen Zetteln und hängen Sie sie in der Klasse auf.

## Aufbau

Suchen Sie in Ihrer Gruppe eine große freie Fläche für den Aufbau der Bücherei. Bauen Sie einen Informationsschalter auf, an dem die Kinder sich über Bücher informieren und diese ausleihen können. Legen Sie dort einen Kalender und Ausleihkarten zurecht. Verteilen Sie Bücher, Zeitschriften und Zeitungen in den Regalen. Hängen Sie Plakate auf und schaffen Sie mit den Sitzkissen einen gemütlichen Leseplatz. Ermuntern Sie die Kinder, die Bibliotheksausweise mit ihren Namen zu versehen und Schilder mit der Aufschrift „*Geöffnet*" und „*Geschlossen*" für die Bibliothek zu schreiben.

## Impulsfragen

- Welche Bücher liest du gerne?
- Wer hat dein Lieblingsbuch geschrieben?
- Welche anderen Autoren und Bücher kennst du?
- Welchen Teil der Geschichte magst du am liebsten?
- Welche Bilder magst du?
- Aus welchen Teilen besteht ein Buch?
- Wie werden Bücher gemacht?

## Bücher

**Namensbuch (Einzelbuch)**: Gestalten Sie zusammen mit den Kindern Bücher zu den Anfangsbuchstaben der Namen der Kinder. Schreiben Sie jeden Buchstaben auf eine eigene Seite. Bitten Sie die Kinder sich zu überlegen, welche Wörter mit diesem Buchstaben beginnen, und diese auf die entsprechende Seite zu schreiben oder zu malen. Die Kinder sollten möglichst solche Wörter finden, die etwas mit der betreffenden Person, deren Name mit dem Anfangsbuchstaben beginnt, zu tun haben.

Der eigene Name bedeutet Kindern sehr viel. Er ist Teil der eigenen Identität. Wenn man ein Kind dazu ermuntert, Autor und Illustrator seines eigenen Buches zu sein, entwickelt es eine besondere Beziehung zum Inhalt. Dies motiviert wiederum dazu, sich mehr mit Büchern zu befassen. Außerdem ergibt sich hier eine gute Gelegenheit, Kindern die Struktur von Büchern zu vermitteln.

## Zusatzaktivitäten

- Besuchen Sie mit den Kindern eine Bücherei. Die Kinder können selbst Bücher ausleihen und so die Abläufe kennen lernen.
- Erklären Sie den Kindern die Produktion von Büchern. Ermuntern Sie sie, selbst Geschichten zu schreiben und zu illustrieren. Hierzu könen die Kinder eine fertige Geschichte mit vorhersehbarem Ablauf ergänzen oder selbst eine Geschichte verfassen. Demonstrieren Sie den Kindern auch einige Illustrationstechniken, z.B. Collagen.
- Laden Sie einen Autor oder Illustrator ein, der der Gruppe seine Arbeiten vorstellt.
- Lassen Sie die Kinder Lesezeichen basteln.
- Bitten Sie die Kinder, den anderen in der Gruppe von ihren Lieblingsbüchern zu erzählen und zu erläutern, was sie an ihnen besonders mögen.

## Lieder, Gedichte und Fingerspiele

**A bis Z**
Buch an Buch,
was ich auch such:
A wie Affe,
Z wie Zoo,
G wie Giraffe,
und F wie Floh.
Die Bücherei hat ganz adrett
alles geordnet von A bis Zett.

**Bücher**
Mit Büchern kann ich weinen und lachen,
kann lange, gefährliche Reisen machen.
Ich kann Mond und Meer erkunden,
Seite für Seite die Erde umrunden.
Ich kann in Zauberwelten tauchen,
wo Feen schweben und Drachen fauchen.
Ein Buch, das nimmt mich bei der Hand
und führt mich in ein Wunderland.

## Literatur

*Marzollo, Jean:*
**Ich lese was ... – Kunterbunte Wort-Bilder.**
**Lesen lernen mit Bildern.**
Georg Lentz Verlag, 2006
ISBN 3-88010-566-9

# In der Schule

## Einsatzmöglichkeiten

**Das ABC kennen lernen:**
Kleine Kinder lernen am besten durch praktische Aktivitäten, bei denen sie Gegenstände bewegen und damit experimentieren können. Häufig geschieht die Vermittlung der Buchstaben mit Hilfe von Arbeitsblättern, die jedoch gerade für jüngere Kinder abstrakt bleiben und so der Absicht entgegenwirken können, für die sie ursprünglich gedacht waren. Zum Glück gibt es viele wirksamere Alternativen für das Kennenlernen des Alphabets. Versuchen Sie es mit magnetischen Buchstaben, mit Buchstaben aus Sandpapier, Filz, Holz oder Moosgummi, mit Kartons in Buchstabenform, mit Buchstabenkarten und –spielen und mit anderen beweglichen Alphabeten. Für das Schulespielen sind solche beweglichen Buchstaben bestens geeignet.

## Lernziele

**Die Kinder**
- imitieren das Lesen und Schreiben.
- erkennen und schreiben ihren Namen auf einer Anwesenheitsliste.
- erkennen verschiedene Buchstaben, wenn sie mit beweglichen Buchstaben spielen.
- werden zum Lesen und Schreiben motiviert.

## Schlüsselwörter

Hausaufgaben – Klasse – Klassenregeln – Lehrer – Pause – Schule – Schuldirektor – Schulhof – Schüler – Unterricht

## Materialien

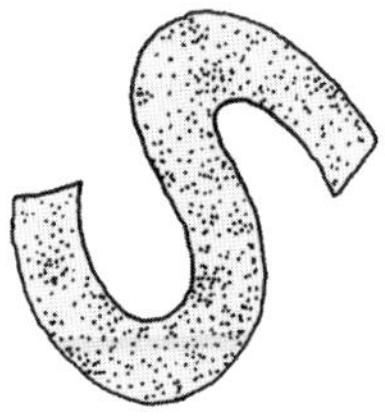

Alphabet- und Zahlenbücher – bewegliche Buchstaben (magnetisch, aus Holz, auf Würfeln, als Puzzle, aus Sandpapier, aus Moosgummi, Stanzbuchstaben etc.) – Bleistifte – Bücher – Kalender – Kreide und kleine Tafeln – Lineale – Namensschildchen – Papier – Plakate mit Zahlen und Buchstaben – Pulte – Radiergummis – Scheren – Schwämme – Stühle

## Requisiten

- **Anwesenheitsliste:** Schreiben Sie „*Anwesenheit*" oben auf ein Blatt liniertes Papier. Die Kinder können darauf ihre Namen eintragen.

## Aufbau

Bauen Sie Ihre Rollenspielecke zu einem Klassenzimmer um mit Pulten, Tafeln und Listen und dem üblichen Zubehör wie Kreide, Schwamm usw. Wählen Sie die beweglichen Buchstaben aus, von denen Sie meinen, dass sie für Ihre Kinder am besten geeignet sind. Ermuntern Sie die Kinder, in die Rolle des Lehrers oder der Schüler zu schlüpfen. Bitten Sie sie, ihren Namen in die Anwesenheitsliste einzutragen. Regen Sie sie an, so zu tun, als würden sie im Unterricht lesen und schreiben. Während die Kinder spielen, erzählen Sie positiv von der Schule.

## Impulsfragen

- Was wirst du heute in der Schule lernen?
- Was macht dein Lehrer?
- Was magst du besonders an der Schule?

## Minibücher

**ABC-Buch (Gruppenbuch):** Schreiben Sie je einen Buchstaben des Alphabets auf ein Blatt Papier. Schieben Sie jedes Blatt in eine Prospekthülle und ordnen Sie sie in ein Ringbuch ein. Bitten Sie die Kinder, für jeden Buchstaben des Alphabets Bilder von Dingen zu suchen, die mit diesem Buchstaben beginnen. Die Kinder können mit den Bildern eine Collage auf der jeweiligen Seite gestalten.

**Kreidebuch (Einzelbuch):** Geben Sie jedem Kind ein paar Stücke schwarzen Bastelkarton. Lassen Sie sie mit Kreide zu jedem Buchstaben Wörter aufmalen und illustrieren. Ermuntern Sie die Kinder, sich selbst Titel und Geschichten auszudenken. Heften Sie alle Seiten zu einem Buch zusammen.

## Zusatzaktivitäten

Besuchen Sie mit Ihren Vorschulkindern eine Schule und verabreden Sie mit den Lehrern, dass die Kinder probeweise am Unterricht teilnehmen können.

## Lieder, Gedichte und Fingerspiele

**In unserer Klasse**

In unsrem Klassenzimmer
sehen wir immer
Stift und Papier
hinterm Klavier,
ein Lineal
unterm Regal,
Kakaoflecken
in den Ecken,
eine Kreidespur
rund um die Uhr!

In unsrem Klassenzimmer
wird es immer schlimmer

– sollten wir vielleicht mal wieder aufräumen?!

## Literatur

*Hämmerle, Susa; Trapp, Kyrima:*
**Heute geh'n wir in die Schule.**
Annette Betz Verlag, 2003
ISBN 3-219-11071-1

Schneider, Liane,
Wenzel-Bürger, Eva:
Conni kommt in die Schule.
**Lesemaus, Band 46.**
Carlsen Verlag, 2003
ISBN 3-551-08846-2

*Pressler, Mirjam:*
**Sarah und Simon spielen Schule.**
Omnibus Hardcover
Berstelsmann Verlag, 2006
ISBN 3-570-12887-3

*Lobe, Mira; Guhe, Irmtraud:*
**Morgen komme ich in die Schule.**
Esslinger Verlag, 2002
ISBN 3-480-20255-1

# Im Büro

## Einsatzmöglichkeiten

**Zweckgerichtete Unterhaltungen:**
Die Entwicklung der gesprochenen Sprache ist eine Voraussetzung für das Lesen und Schreiben. Kinder sollten möglichst täglich zwanglose Unterhaltungen mit Gleichaltrigen führen können. Der vielfältige und variantenreiche Einsatz von Sprache fördert ihren Wortschatz und der Austausch mit anderen erweitert ihr Wissen. Telefone können auch diejenigen Kinder zum Sprechen motivieren, die sich normalerweise nicht so gerne äußern.

## Lernziele

**Die Kinder**
- lernen, den Namen ihres Freundes im Telefonbuch der Gruppe zu erkennen und zu schreiben.
- begreifen die Funktion von Schrift, wenn sie Briefe schreiben.
- finden die passenden Buchstaben zu Anlauten, wenn sie Telefonnummern nachschlagen.

## Schlüsselwörter

Anruf – auflisten – Büro – Gespräch – heften – notieren – Ordner – Telefon – Telefonat – Telefonnummer

## Materialien

Bleistifte – Bleistiftköcher – Büroklammern – Klebeband – leere Heftzange – Notizzettel – Papier – Register – Schnellhefter – Telefonbuch der Gruppe – Telefonbücher – Telefone – unbeschriebener Kalender

## Aufbau

Richten Sie die Rollenspielecke so her, dass sie wie ein Büro aussieht. Legen Sie die Requisiten aus und ermuntern Sie die Kinder, so zu tun, als würden sie lesen und Briefe schreiben. Fertigen Sie ein Telefonbuch mit den Nummern der Kinder in Ihrer Gruppe an (siehe unten). Schreiben Sie jeden Namen auf eine Karte und kleben Sie ein Foto des Kindes dazu. Die Kinder können die Karten alphabetisch nach den Anfangsbuchstaben der Namen sortieren.

## Impulsfragen

- Wen rufst du heute an?
- Unter welchem Buchstaben solltest du die Karte einsortieren?

## Minibücher

**Telefonbuch (Gruppenbuch):** Geben Sie jedem Kind ein Blatt Papier. Machen Sie von jedem Kind ein Foto, helfen Sie den Kindern, ihren Namen und ihre Telefonnummer auf ihr Blatt zu schreiben und bitten Sie sie dann, ihr Bild daraufzukleben. Heften Sie alle Blätter zu einem Buch zusammen. Das fertige Buch können die Kinder in ihrer Telefonzentrale benutzen. Es motiviert die Kinder, so zu tun, als würden sie andere anrufen und sich am Telefon mit ihnen unterhalten. Dieses Telefonbuch lässt sich in vielen Rollenspielen einsetzen.

## Zusatzaktivitäten

- Machen Sie mit den Kindern einen Ausflug in ein Büro und finden Sie gemeinsam mit den Kindern heraus, was Büroangestellte machen.
- Helfen Sie den Kindern, sich Telefone aus Kartons zu basteln. Zeichnen Sie die Wähltasten auf, so dass die Kinder üben können, ihre eigene Telefonnummer zu wählen.

## Lieder, Gedichte und Fingerspiele

**Ein Anruf**
Hallo, hallo, wer ist denn da?
Ach, guten Tag, wie geht's?

Oh, danke schön, mir geht es gut.
Wie ist's mit dir, wie steht's?

Mir geht es prima, danke sehr,
an einem Tag wie heut.
Vielen Dank für deinen Anruf,
hat mich sehr gefreut!

# Anhang

Sehtest

Abzeichen für Polizei-Inspektor und Feuerwehrmann

Fingerabdruck

Bankformulare

Wanderkarte

Tiere

Bestellvordruck

Schuhe

Flugticket und Gepäckanhänger

Notenlinien

Feuer

Hausvorlage

Ufo

Zahn

Schuh

Eistüte

Auto

Bus

Lastwagen

Eisenbahn

Fotoapparat

Zeitungsvorlage

Das ABC des Klaviers

# Sehtest

A

TD

QNYCS

VFUPJZ

RGEHT

BWXKLIMON



# Abzeichen für Polizei-Inspektor
## und Feuerwehrmann

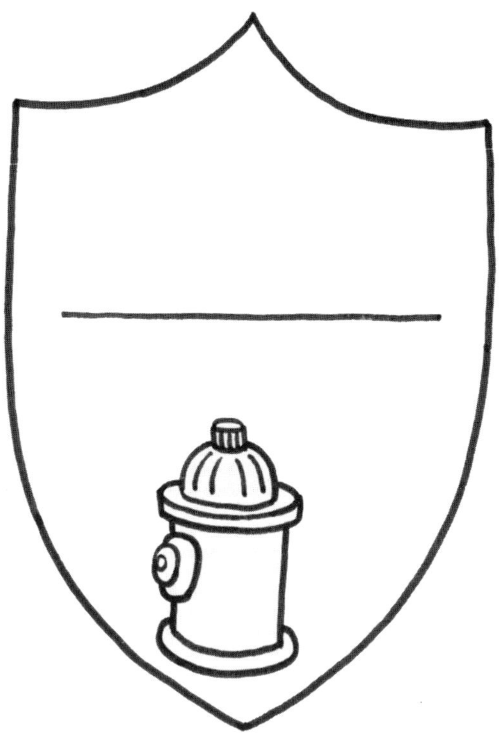

© Verlag an der Ruhr • Postfach 10 22 51 • 45422 Mülheim an der Ruhr • www.verlagruhr.de • ISBN 3-8346-0051-2

Meine Fingerabdrücke

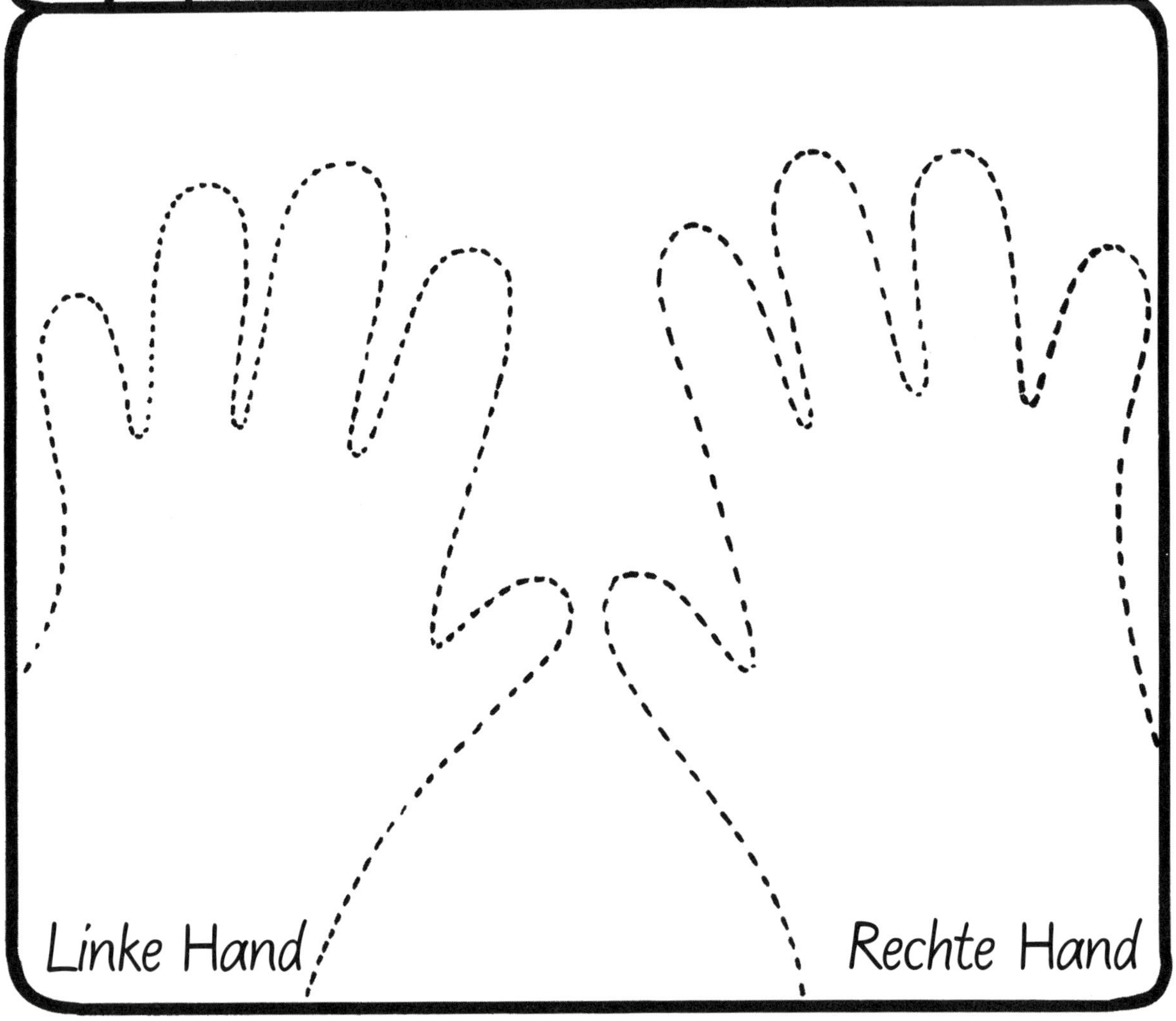
Linke Hand
Rechte Hand

# Bankformulare

## Überweisung

Kontonummer Kontoinhaber

ABC-Bank Verwendungszweck Summe Datum

Unterschrift Bankleitzahl

ABC-Bank

Name:

## Einzahlung

Bankleitzahl

Kontonummer Kontoinhaber

ABC-Bank Verwendungszweck Summe

Unterschrift Datum

## Gehaltscheck

Bankleitzahl

Kontonummer Kontoinhaber

ABC-Bank Verwendungszweck Summe

Unterschrift Datum

# Wanderkarte

# Tiere (1)

# Tiere (2)

# Bestellvordruck

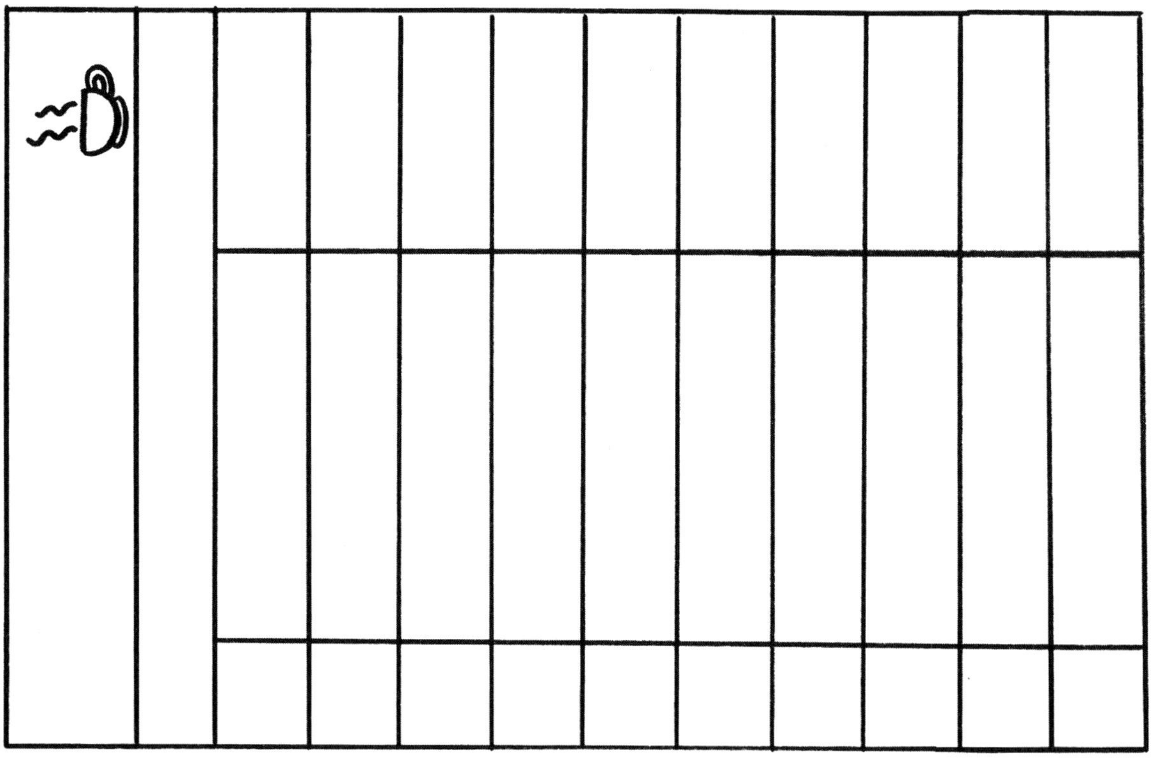



# Schuhe

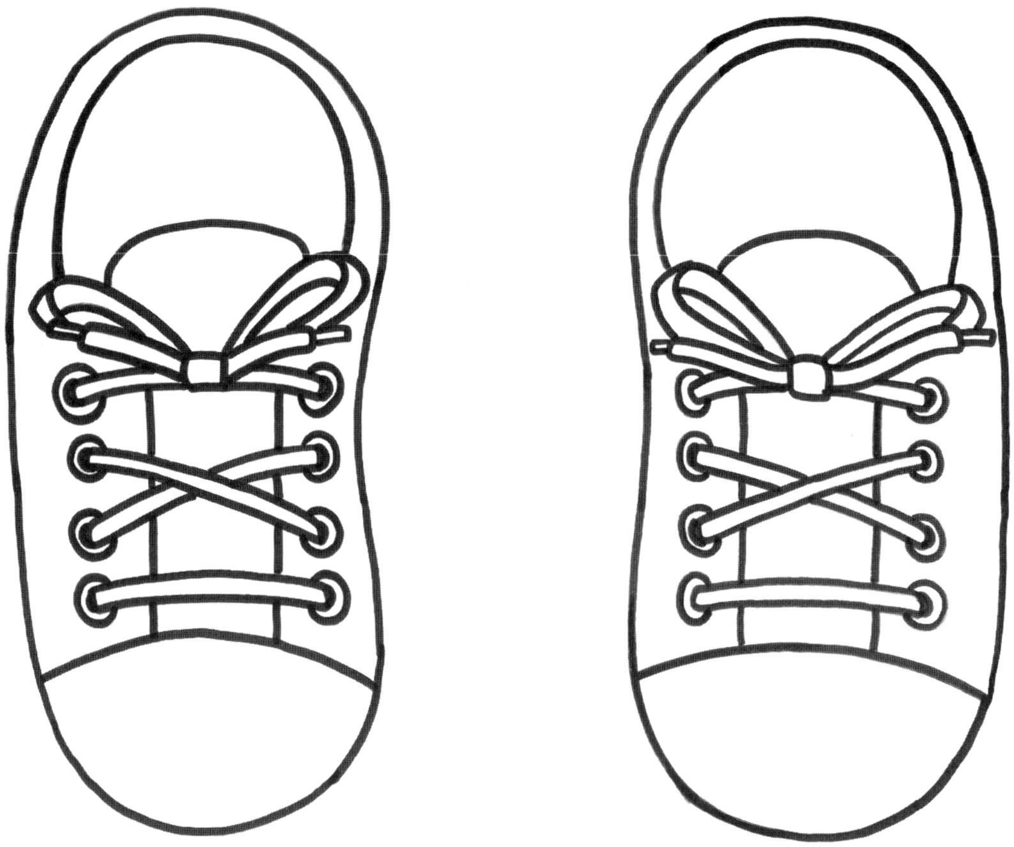

© Verlag an der Ruhr • Postfach 10 22 51 • 45422 Mülheim an der Ruhr • www.verlagruhr.de • ISBN 3-8346-0051-2

# Flugticket und Gepäckanhänger

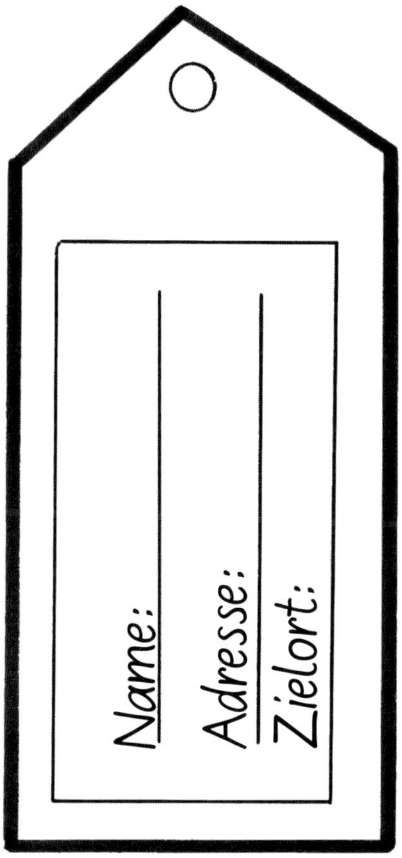


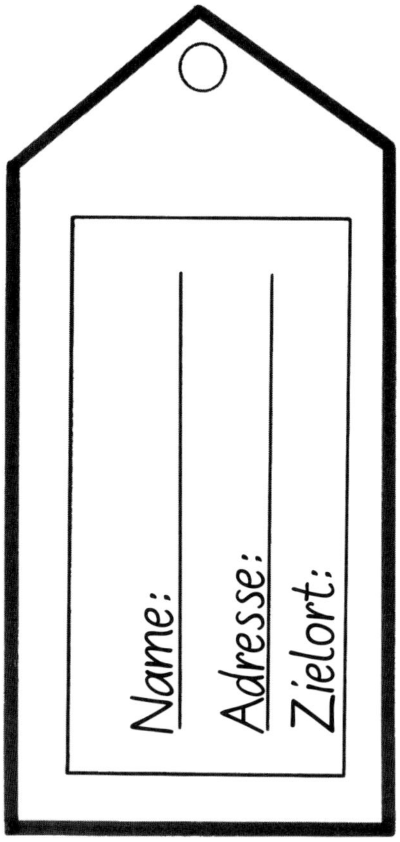

# Notenlinien

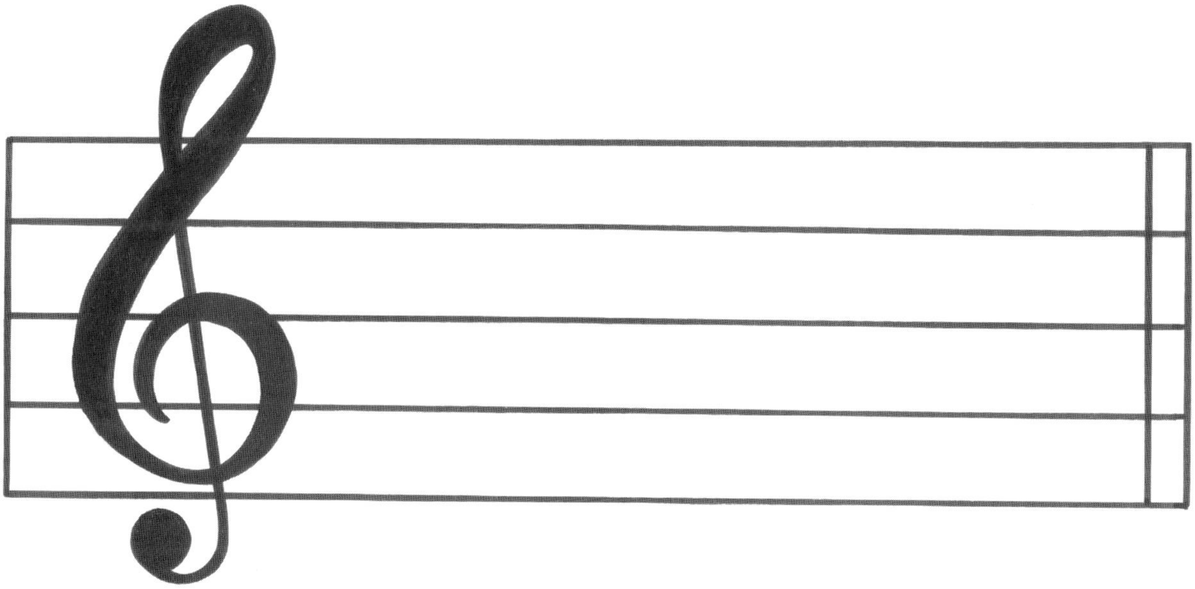



# Feuer

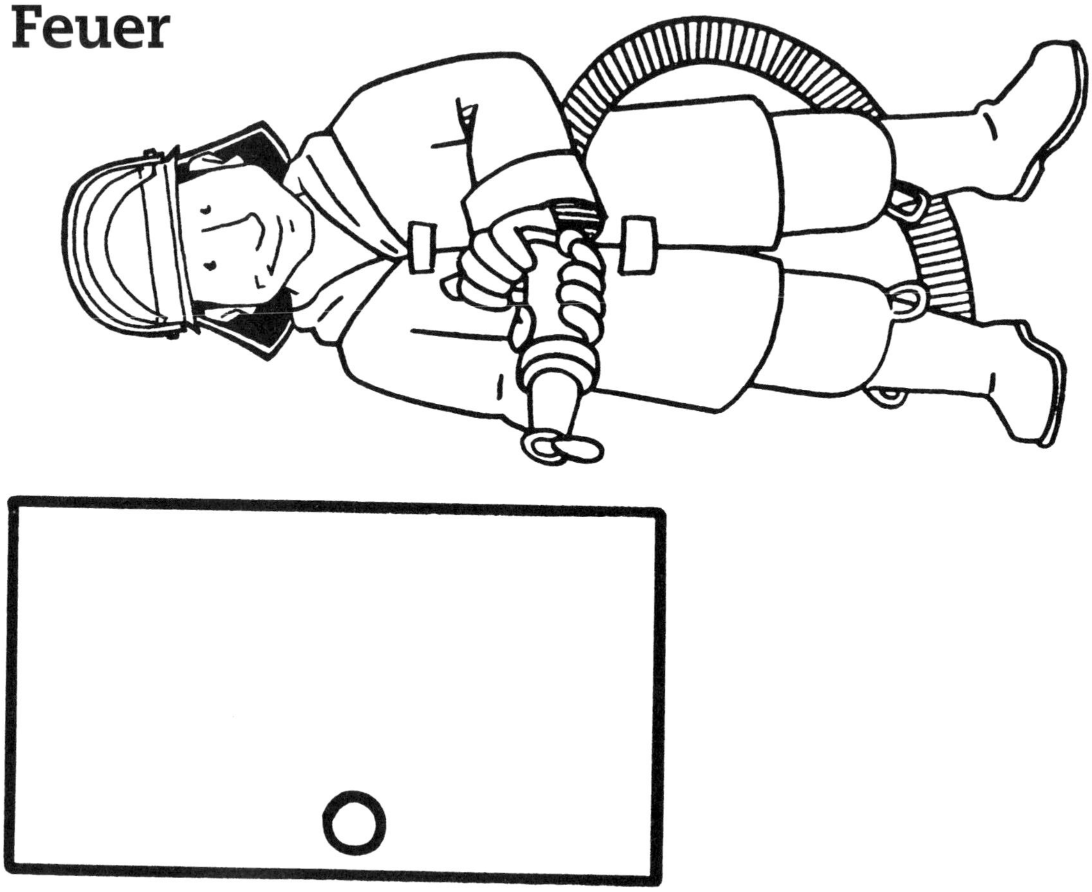

# Hausvorlage

# Ufo

# Zahn

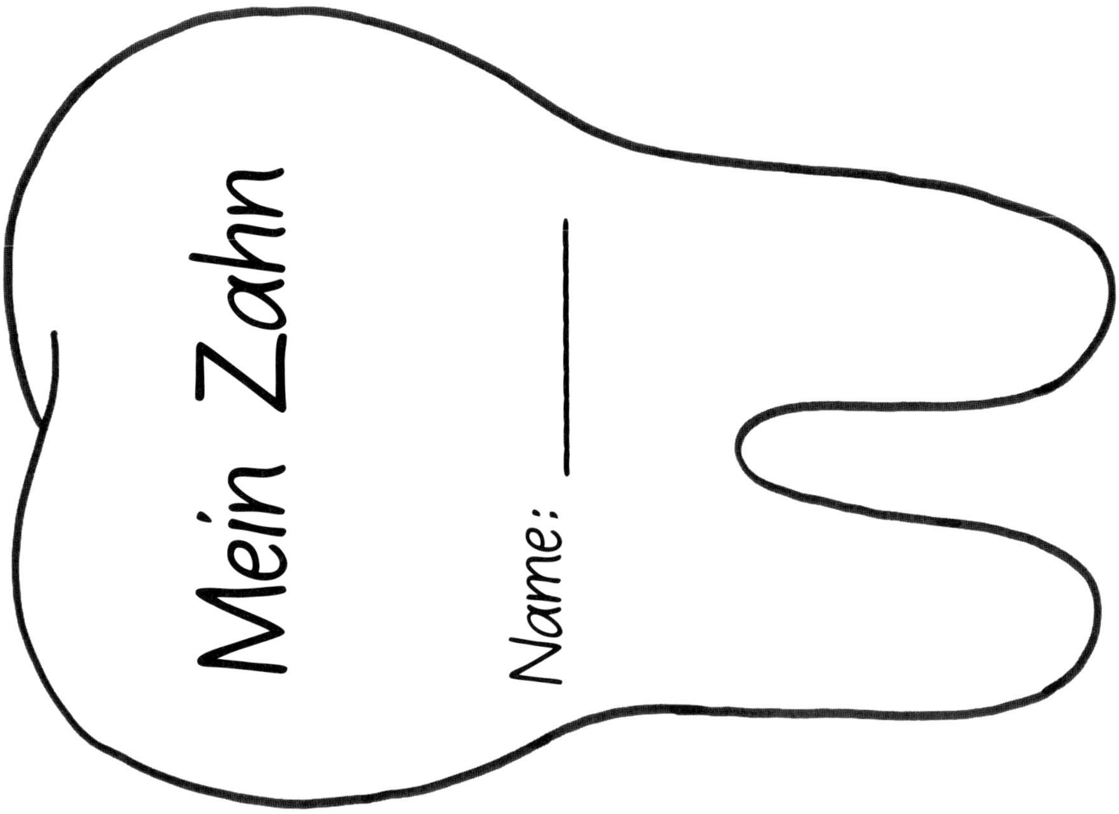


© Verlag an der Ruhr • Postfach 10 22 51 • 45422 Mülheim an der Ruhr • www.verlagruhr.de • ISBN 3-8346-0051-2

# Schuh

# Eistüte

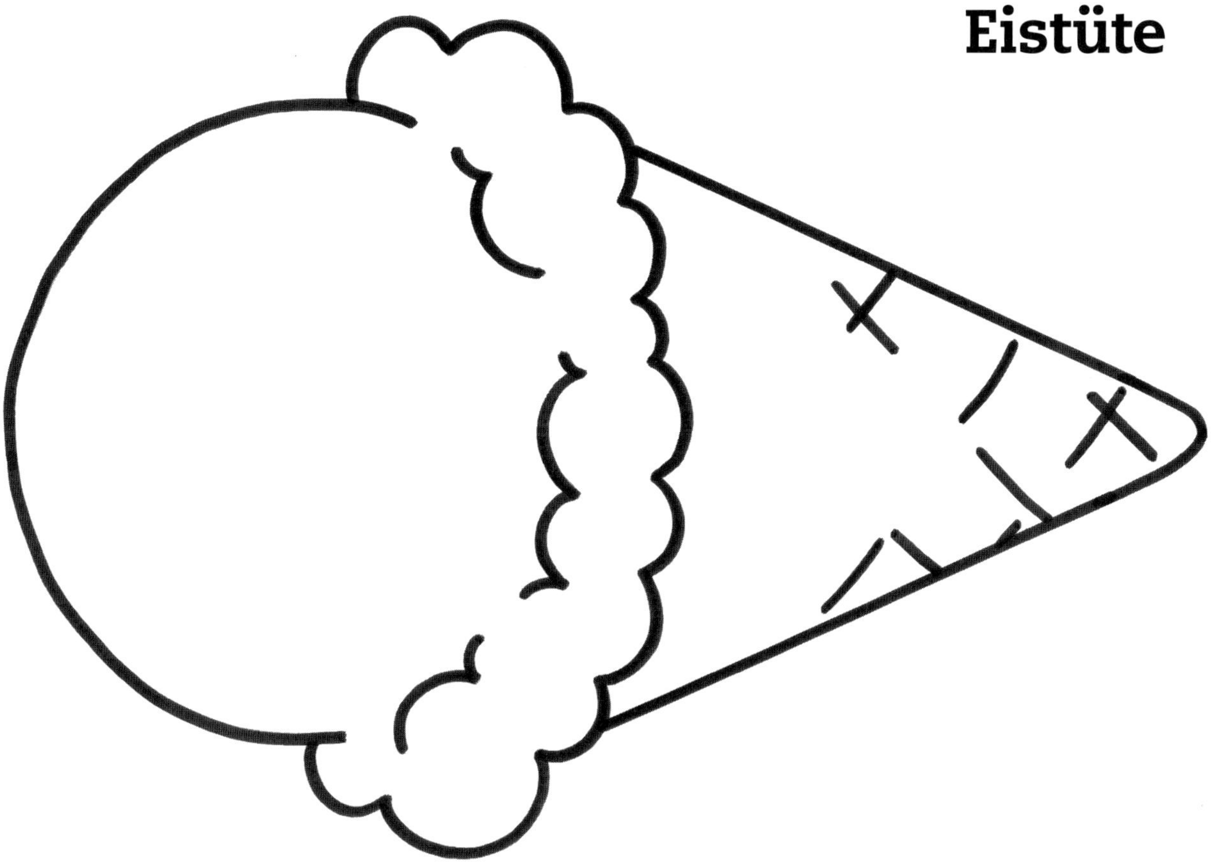

© Verlag an der Ruhr • Postfach 10 22 51 • 45422 Mülheim an der Ruhr • www.verlagruhr.de • ISBN 3-8346-0051-2

# Auto

# Bus

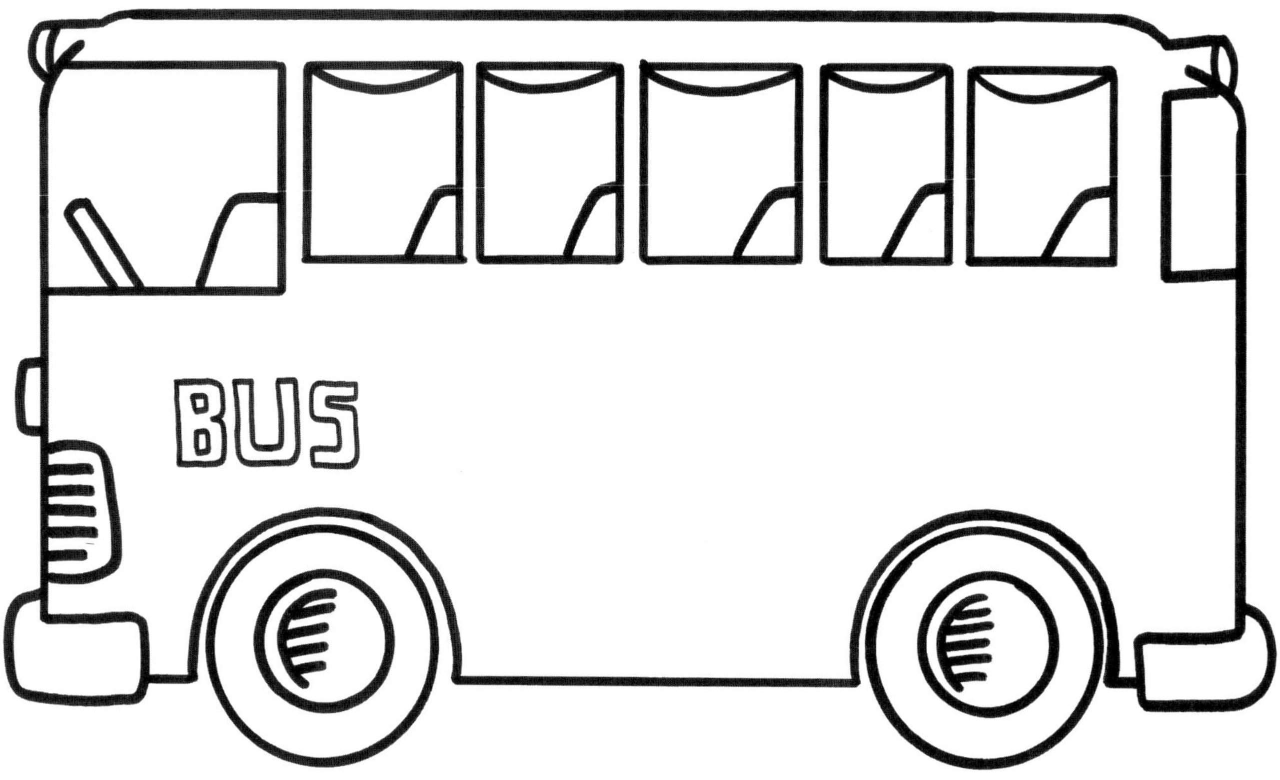


© Verlag an der Ruhr • Postfach 10 22 51 • 45422 Mülheim an der Ruhr • www.verlagruhr.de • ISBN 3-8346-0051-2

# Lastwagen

# Eisenbahn

# Fotoapparat

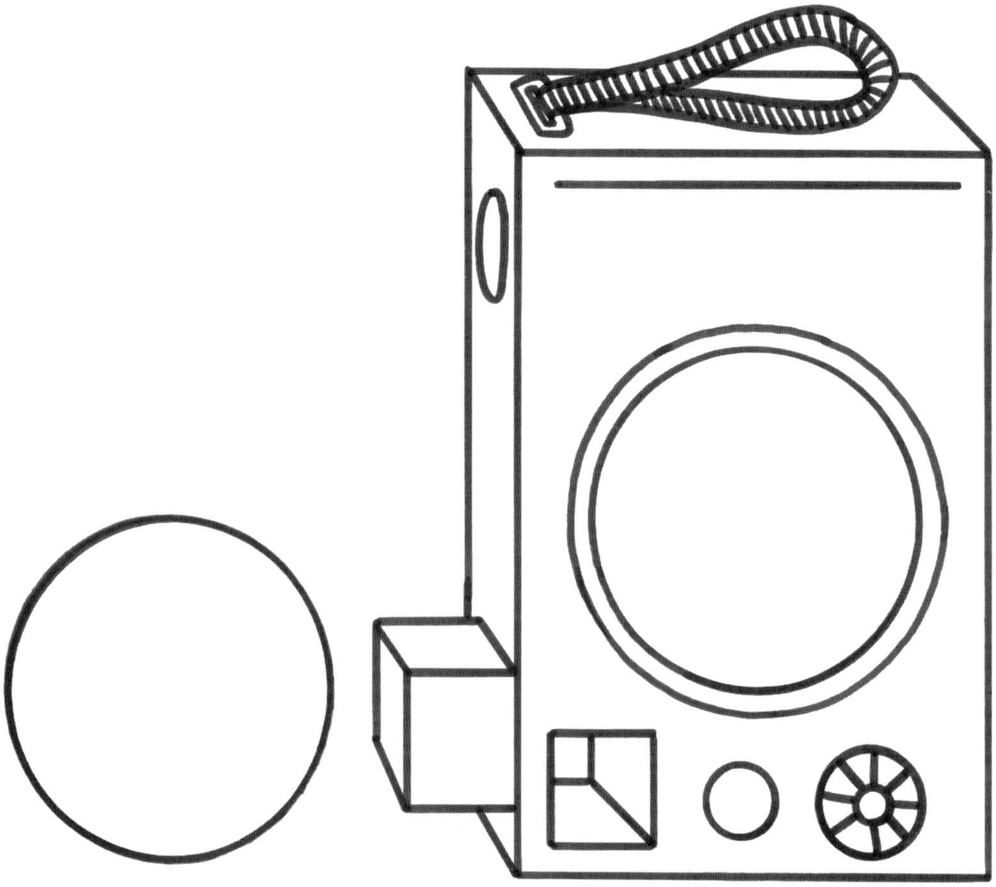



# Zeitungsvorlage

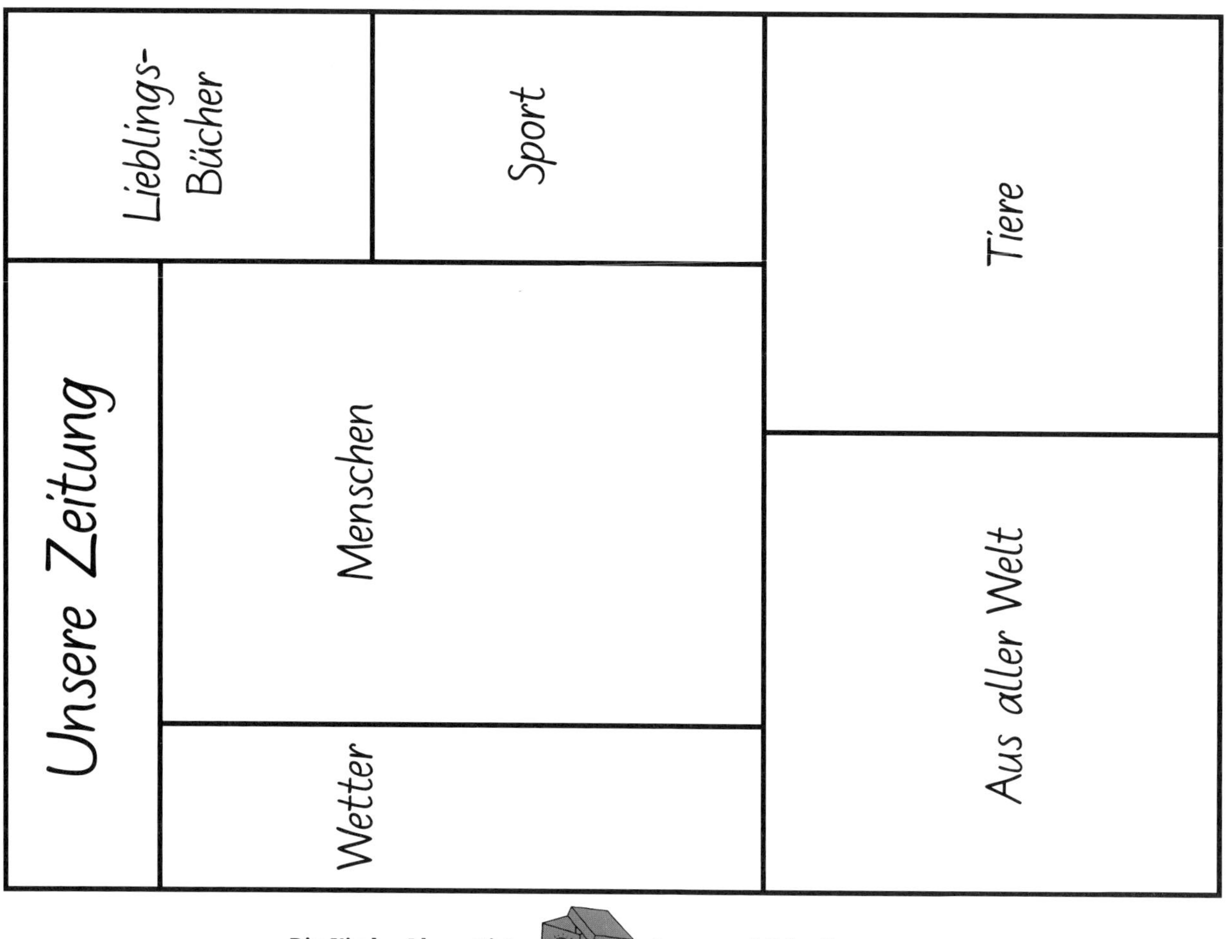


© Verlag an der Ruhr • Postfach 10 22 51 • 45422 Mülheim an der Ruhr • www.verlagruhr.de • ISBN 3-8346-0051-2

# Das ABC des Klaviers (1)

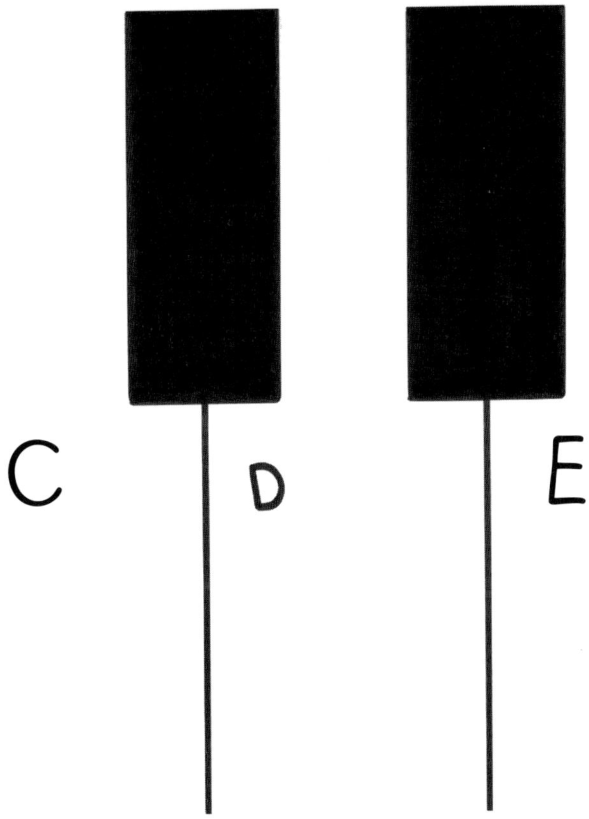




# Das ABC des Klaviers (2)

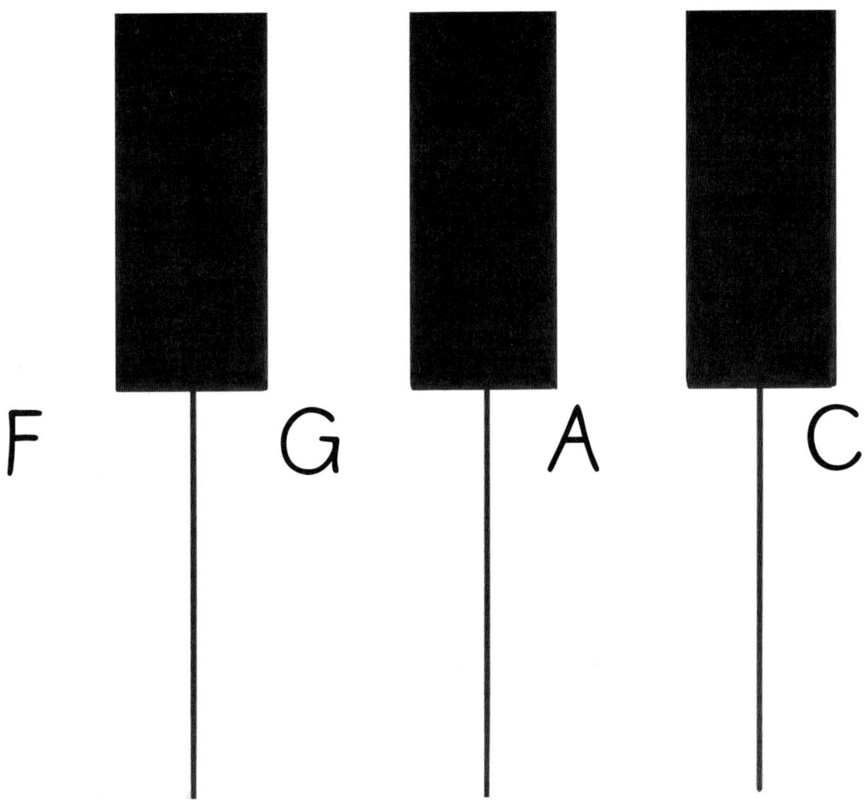

# Literatur


*Brinkmann, Erika; Kruse, Norbert u.a.:*
**Kinder schreiben und lesen.**
**Beobachten – Verstehen – Lehren.**
DGLS-Jahrbuch 2003. Filibach
ISBN 3-931240-23-1

*Blumenstock, Leonhard:*
**Spielerische Wege zur Schriftsprache im Kindergarten.**
Beltz, 2004.
ISBN 3-407-56263-2

*Helbig, Paul; Kirschhock, Eva-Maria u.a:*
**Schriftspracherwerb im entwicklungsorientierten Unterricht.**
**Studientexte zur Grundschulpädagogik und -didaktik.**
**Lernwege bereiten und begleiten.**
Julius Klinkhardt Verlag, 2005
ISBN 3-7815-1382-3

*Kirschhock, Eva-Maria:*
**Entwicklung schriftsprachlicher Kompetenzen im Anfangsunterricht. Klinkhardt forschung (Dissertation)**
Julius Klinkhardt Verlag, 2004
ISBN 3-7815-1343-2

*Noterdaeme, Michele; Breuer-Schaumann, Elke:*
**Lesen und Schreiben – Bausteine des Lebens.**
**Ein Übungsprogramm zum Schriftspracherwerb.**
Verlag Modernes Lernen Borgmann, 2003
ISBN 3-8080-0527-0

*Schründer-Lenzen, Agi:*
**Schriftspracherwerb und Unterricht.**
**Bausteine professionellen Handlungswissens.**
VS Verlag für Sozialwissenschaft, 2004
ISBN 3-8100-4043-6

*Topsch, Wilhelm:*
**Grundkompetenz: Schriftspracherwerb.**
**Beltz Pädagogik, Band 5.**
**Methoden und handlungsorientierte Praxisanregungen.**
Beltz, 2005
ISBN 3-407-25368-0